新潮文庫

日本人はどう住まうべきか？

養老孟司
隈　研吾　著

新潮社版

10410

まえがき

養老孟司

隈研吾さんに初めて出会ったのは、両国の国技館じゃなかったかと思う。べつに相撲を見に行ったわけではない。なにかのイヴェントがあって、大きな部屋にたくさんの机があり、それぞれの机の周りに何人かが座って、おたがいに話をする。そんな企画だったように思う。

私と隈さんの他に誰が同席していたのか、申し訳ないけれど記憶がない。その場で何をしゃべったかも記憶がないし、なにしろ隈さんがいたということしか覚えていない。70歳を過ぎたら、人生のたいていのことは、このように消えてなくなっている。ありがたいことですなあ。

人間の相性というのは変なもので、以来なんだか、隈さんとうまが合うような気がしている。熊《くま》だから馬ということではない。その後、妙なことに、ニューヨークの街角でバッタリ出会った。思わず「こんなところで何してんだ」と訊《き》いてしまったが、これは訊く方が悪い。

そもそも私は戦争以来のアメリカ嫌いで、よほどの用件がなけりゃ、あんなところには行かない。行きたくない。たぶん娘が留学の真似事《まねごと》でサンディエゴにいて、女房がその訪問ついでにニューヨークに行きたいと言ったから、しょうがないので行ったのだと思う。隈さんの方はもちろん、ちゃんとした仕事だったに違いない。「何をしているんだ」と訊かれるのは、だから本来、私の方だったのである。

そのうち隈さんの『負ける建築』（岩波書店）という著書が出て、なぜかこれが私の心の的を射たから、勝手に書評を書いた覚えがある。ただし何を書いたか、これも忘れてしまった。でも隈さんの考え方が面白いから、本が出ると読むことが多い。商売違いだけれども、似たようなことを考えるじゃないか。そう思うことが多いのである。

隈さんは中学高校の後輩で、ある年齢に似たような奇妙な教育を受けて、それに素直じゃない反応をしたところが似ているのかなあ。そう思うこともある。その点は隈さんの「あとがき」に詳しい。

関係ないけれども、他にもそう思った例がある。それは亡《な》くなられた阿部謹也《あべきんや》さんである。最後は一橋大学の学長をしておられた。著書を読んで、なんだかやっぱり心の的を射られた感じがした。後で知ったことだが、その阿部さんもカトリックの寮で若い時代を過ごしている。将来は司教様になるつもりだったと、自伝に書いている。阿部さんが「世間」という対象に注目したことも、私と同じ関心の持ち方だった。カトリック的な世界は、なんだか知らないが、世間とぶつかるのだと思う。日本にキリスト教徒が少ないのは、どこかで世間とカチ合うからではないかと、以前から私は思っていた。それがどこだと、はっきり言えないところが、自分でももどかしい。

その後、隈さんの作品を見る機会が多くなった。きれいなものが多い。私はコンクリートの打ちっぱなしというのが好きではない。あれはあれでいいのだろうが、特別に見たいというものではない。コンクリートだけで作るなら、原発の建物で十分である。そうかといって四角四面の建物も気に食わない。ガウディほど曲げろと言うつもりはないが、もうちょっと、何かあってもいいではないか。

そのあたりで隈さんの作品がいい。根津美術館は女房に連れられて行った。見物してから隈さんだと気が付いたので、行ったときは忘れていた。あれだけ竹だらけなんだから、やっぱり隈風であろう。

銀座のティファニー本店は招待があったから見に行ったら、いかにも都会の人らしい人たちがたくさん行列していた。いささか気後れしたが、中に入ったら隈さんがいたので、ホッとした。繊細で都会的なものを作る人なのに、本人がどことなく田夫野《でんぷや》人《じん》風に見えるところが、ホッとする理由である。建物はただのビルだったけれど、材料の説明をいろいろ聞いたのが面白かった。これも詳細は忘れた。竹はともかく、ジェット機の機体の材料だとか、四川《しせん》の石だとか、妙なものに凝る人だなあと思った。

「日経ビジネス　オンライン」で対談した結果がこの本になった。私は面白いから対談しただけで、話を聞いているだけでいいのである。べつに理屈は言いたくない。おしゃべりしたところで、建物が建つわけでもなく、虫が取れるわけでもない。そこあたりが隈さんのいう肉体感覚なのであろう。ともかく現代は「言う人」が増えて、「それだけ言うなら、やってみな」と言われた子供のころが懐《なつ》かしい。

私は建築なんて面倒なものは、自分ではやる気はまったくない。自分の家だって、あれこれ、注文を出したことはない。全部、女房がやる。建築家の知り合いがあんがい多いのは、ああいう面倒なことができる人を尊敬しているからかもしれない。
私としては、隈さんの言うことを、身体《からだ》で聞いてくださいね、と言うしかない。建物の中にいれば、まさにそうするしかないではないか。

２０１１年12月31日

目次

第5章　経済観念という合理性　131

第6章　参勤交代のス、メ　157

日本人はどう住まうべきか？

第1章　「だましだまし」の知恵

津波はノーマークだった建築業界

隈 東日本大震災のとき、養老先生はどちらにいらっしゃいましたか。

養老 鎌倉《かまくら》の自宅にちょうど帰ったところでした。秘書がたまたまブログを書いていたのですが、ポンッとパソコンの電源が飛んだんですよ。あ、飛んじゃった、と言っていたら、それから揺れ出しましてね。鎌倉では地震より先に停電になったんです。

これはかなり大きい揺れだと思って外に出たら、マル（養老家の愛猫）が歩いてきて、足元にバタンって倒れた。猫も地震で目が回ったんじゃないのかな。

隈 鎌倉もやはり相当揺れたんですね。

養老 揺れましたよ。僕の第一声が、「これは原発、やられたかな」だったと、女房が後で言っていました。自分でははっきり覚えていなかったけれど、潜在意識でずいぶん気にしていたのかもしれません。

隈さんは震災のとき、どちらにいらしたんですか。

隈　台湾にいました。東京の事務所のスタッフと電話をしていたのですが、初めは普通に「揺れてます」と言っていた電話口のスタッフの声がだんだん切迫してきて、そのうち裏返ってしまったので、これは尋常じゃないな、と思いました。1時間ぐらい後から台湾でもニュースがどんどん流れて、とんでもないことが起きたんだと分かりました。

日本に戻ったのはその2日後です。東北にはいくつか僕が設計した建物があり、それがどうなったかも心配でした。自分の建物が地震でつぶれたとなると、建築家の社会的信用に関わりますから。10年ぐらい前に、宮城県石巻市《いしのまきし》の北上川沿いに「北上川運河交流館」と、そこから北に行った登米市《とめし》に「森舞台／伝統芸能伝承館」を設計しました。特に北上川運河交流館は、北上川の河口に近いところにあり、しかも意図的に北上川の土手に埋もれるように作ってあるので、津波を完全にかぶる位置なんです。

養老　その建物は大丈夫だったんですか。

隈　震災から2週間後にやっと電話が通じて、大丈夫だということが分かり、3週間後に現地に入りました。地面は全体が液状化していて、建物の周辺にある歩道はズタズタになっていました。それでも建物本体には奇跡的に水が入らず、ダメージはなかったんです。建物のすぐ裏側のギリギリにまで津波が来たのですが、建物はほんの少しだけ高さがあって助かりました。運が良かっただけなのかもしれませんが。

養老　北上川は津波が50キロも遡《さかのぼ》ったという話も聞きました。

隈　3週間後に現地を見たときは、周辺の地面全体が下がったせいで、川の水位が1メートルくらい上がっていました。川は水位が1メートル上がるだけで、景色がまったく変わって違う場所のようになるんですね。村上春樹《むらかみはるき》の小説『1Q84』で主人公が月が二つある世界に来たみたいに、違う世界に来てしまったような感じがして体が震えました。

養老　2004年に起きたスマトラ沖地震で大きな津波被害があったでしょう。僕はちょうどその1年前の同じ時期にプーケットにいたんですよ。1年ずれていたら津波に遭ってエラいことになっていたんだけど、そういう津波が日本に来るとは思わなかった。

京都大学の総長をやっていた地震学者の尾池和夫《おいけかずお》さんによると、スマトラ沖地震について研究すると、日本の巨大地震のことを考えるのに役立つそうです。というのも、同じような形をした列島には同じような現象が起こるんです。列島はプレートとの関係によってできるから。地図を90度回転させて日本列島とスンダ列島とを比較するとよく分かるそうです（尾池和夫著、岩波科学ライブラリー『日本列島の巨大地震』 4章を参照）。

隈 建築業界では、津波についてどう対策を考えていたんですか。

隈 驚くべきことに、津波に関してはノーマークだったんです。日本建築学会では、耐震設計については盛んに研究されていて世界トップレベルなんですが、津波については、部会もなかった。考えてみればこれはおかしかったな、と後でみんな言っていました。

どうしてそういう空白があったかというと、津波は何メートルになるか予想できないもので、どういう方向から来て、どういうふうに流れるのかも分かりませんから、来ることは分かっていても、何も考えなかったのではないか、と。驚くべき無防備の状態ですよね。無意識のうちに、コントロールできるものと、コントロールできないものとの間に線を引いていたとしか思えない。まさしく養老先生がベストセラーに書かれた「バカの壁」ではないかと。

養老 日本人はみんなそういうふうに考えるものなのかもしれない。でも、建築学会って明治から百何十年も続いている学会でしょう。しかもその百何十年の間に、関東大震災でも津波があったし、ペルー沖地震のときだって津波が来たし、奥尻島《おくしりとう》の地震だって非常に大きな津波被害があった。津波の経験は日本になかったわけじゃないんですよ。

隈　建築学会では、いっぱい部会を作って、つまらないと思えることまでこまごまと研究しているんだけど、肝心な津波に関してはまったく研究されていなかった。今回、悲劇の多くは津波によるものでしたから、どうかしていたと思います。

確かに日本は一番、津波のリスクが高い国であるはずなのに、膝元《ひざもと》の日本建築学会が津波は予測不可能だから「ない」ことにしていたのであれば、人間の頭の構造、特に理科系の人の頭の構造というのは、僕自身も含めて、自分のできることしか考えていないのかもしれません。

養老　原発事故は絶対起こらない、というのと同じメンタリティですよ。前提条件がある上で論理を使うのが理科系なので、理科系の人間は前提をいじることを嫌うんですよ。それで、前提を変えた質問をすると、「専門外です」と言われちゃう。だから、建築にとって津波は「ない」ことになっていたんでしょう。だって、恐竜が絶滅したときに起きた津波は高さ1000メートルと言われていますからね。そんなものを前提にしたら、建築基準もクソもないわけですよ。と、私はすぐ、そういう乱暴なところに話を持っていっちゃうけれども（笑）。

隈 5メートルや10メートルという現実的な津波については、十分検討可能だったはずなんですけれどもね。

養老 なぜ津波対策を考えてこなかったのかについては、その頻度も言い訳になりそうですね。人が津波に遭遇するのは一生の間に1回だとか、東日本大震災級の津波は千年に1回だとか。どうでしょう、建築の世界では、どれぐらいの未来まで勘定に入れて設計するんですか。

隈 実は、時間に関しても驚くほど無神経なんです。関東大震災クラスの地震は60〜70年おきに起こるので、それに耐えうる設計の基準は決められています。ただ、その基準で建てた建物が何十年か経《た》って劣化してきたときに、同様の耐震性能があるかということについては、基本的に誰も考えていません。そういう意味で日本人って、やっぱり「その日暮らし」の人たちなんだな、と思います。

養老 その日暮らしの人たち、というところには大いに同意しますよ。

隈 とにかく建築にとって大事なのは、そのときに設定された予算以内で、現在の建築基準法に従った建物を作ることで、それがそのまま必要十分条件となっているわけです。例えば坪100万円で建築基準法に則《のっと》った設計ができていれば、誰も文句は言わない。その建物が50年後に構造強度をちゃんと保てているかどうかについては、誰も考えない。だってみんな、自分は生きていないと思っているから。建物が完成して、竣工式《しゅんこうしき》で乾杯したら、それで終わり。もうその後のことは考えない（笑）。科学や技術というものは、永遠の真理を相手にしているようで、実はその日暮らしの、場当たり的なものなんだな、という気がします。

死語になった「国家百年の計」

養老　今の日本は場当たり的かもしれませんが、江戸時代のころは、ものを考える時間軸がもっと長かったですよね。津軽の人たちは三代かかって防砂林を海岸に作りましたもの。徳川家康《とくがわいえやす》が始めた利根川《とねがわ》の治水だって三代かけているでしょう。なぜそういう時間感覚が可能だったのかというと、「家制度」があったからじゃないかと思います。家というのは個人を越えて存続しますから。しかも日本では昭和の時代まで、それが庶民に近いレベルまで浸透していました。封建制による弊害もありますが、家制度というのはそうした意味で、長い時間軸に耐えうるソフトなんですよ。ヨーロッパだとそれが貴族でしょう。貴族院では長期にわたるものについて議論する。日本でも本来は、参議院がそういう役割を果たすべきだと思います。

隈　長期的な視点は、今の日本に最も欠落しているものです。例えば、選挙に通った参議院議員が任期中に考えるのは、次の選挙のことでしょう。議員がものを考える時間軸は長くて6年。役人のポジションは、ほとんどが2〜3年で替わっていきます。もし長く考える役人がいたとしても、せいぜい自分の定年まで。彼らの実質的な定年はだいたい50歳ぐらいですから、どんなに長く考えたとしても20年間ぐらいなんです。それ以上長い時間軸で考えている人って、日本の中枢《ちゅうすう》にはほとんどいないんじゃないかな。

養老　建築の世界では、ピラミッドからガウディに至るまで、何世代にもわたってようやく完成させるという考えがあったはずですよね。

隈　日本の行政システムは1年間で予算を消化しなきゃならないから、今では建築に関わるすべてのことが1年単位になっています。その年度の予算を前提にして建物の規模が決まってくるので、国家百年の計で建築を考えている人なんて誰もいないですよ。建物の設計もその年度で終わらなきゃいけない、ということになっているので、やたらに急がされる。ヨーロッパのプロジェクトは、もっとじっくり設計できるんですけど。

養老　日本ではなぜ年度切りになっているか知ってます？　誰かに聞いたんだけど、

あれは年貢《ねんぐ》の名残りだそうですよ。米の出来高は毎年違うから、予算は年度切りにしないといけないんだそうです。明治維新の後も、どういうわけか年貢の時代の制度がそのまま残ったんだね。

隈　これは民間のものですが、僕は今、東京の歌舞伎座《かぶきざ》を建て直すプロジェクトを手掛けています（2013年4月柿落《こけらお》とし）。このプロジェクトには、例外的に長い視点が反映されていますが、なぜかというと、歌舞伎という別の時間感覚を持つ伝統芸能が存在するからこそで、時間の流れ方が違う。普通の民間企業はやっぱり、社長なら自分の任期中に何をするかという程度のタームで、だいたい3〜6年くらい。けれども歌舞伎だけは、さっき養老先生がおっしゃった家制度と同じで、代々の屋号や、十何代目の名跡といった時間感覚が生きている。歌舞伎座の建物自体、今度の建て替えで五代目なんですよ。現場に行くと、五代目と四代目がどう違うかとか、三代目はどうだったとか、そんな話ばっかりしています。そこではいつのまにか自分も、「先代が」とか「先々代が」とか考えていて驚きますね。

養老　それはもはや稀《まれ》な光景なんですね。確か今、奈良の薬師寺の東塔が完全解体修理の最中のはずですが（2019年落慶予定）、修理に携わる宮大工は、やっぱり長い時間軸で技術を受け継いでいる人たちなんですよね。

隈　宮大工の世界には、その集団の中で継承されていく独自の作法やロジックがあります。そういう人たちが日本にまだちゃんと残っているのは、誇るべきことです。でも実は、宮大工の世界にも部材の切り出しはコンピューターがかなり入り込んできているんです。というか、普通の大工さんは、基本的に全部、工場でカットした材料をアセンブル（組み立て）するだけになっていて、誰でもすぐに参入できるシステムに変わってしまっている。工場で働いているのとあまり変わらないんです。

養老　大工さんが建築現場から遠ざかっているんですか。

隈　現場にはいるんですが、仕事の内容が工場の労働者に近くなってきちゃっています。かつて日本の大工さんといえば、クライアントの家に絶えず出入りしていて、生活のクセを知り尽くしていたので、そこに住んでいる人のニーズを汲《く》み上げて、プランニングもアフターケアもできたんですけど、今はそうではない。作ったら全部おしまい。工事のときだけの使い捨ての存在で、その前もその後も、住んでいる人と関係がない。

昔の大工さんは、クライアントからニーズを聞いたり、図面を引いたり、といった作業を全部自分でやりましたから、責任感だって当然、強くなる。だから、地震でその家が壊れたら申し訳ないと思うわけです。でも今の大工さんは、組み立てだけを請け負っているから、責任なんか感じようがない。仮に責任があったとしても、断片化された中での部分的な責任ですから。継続する時間という一番大事なものを見失ってしまった今のシステムの中でしたら、そういう無責任なメンタリティになっても不思議じゃないですよね。この話は、そのまま原子力発電や災害対策の問題に置き換えることができます。

養老　原発を「絶対安全」だと信じたり、津波を「ない」ことにしたりすることの危険は、今回の震災でよく分かりました。でも、僕が逆に感じたのは、その手前まではなかなか破綻《はたん》しない、ということです。自然災害にしても、人災にしても、人間が頭で考えることによって、それらをコントロールすることは、実は相当な範囲まで可能なんですね。ただ、そのコントロールできる範囲が大きくなればなるほど、破綻したときのダメージも巨大になる。頭で考えられる臨界を超えた瞬間に、ドカーンと悲劇が起こってしまう。果たして人間社会はそれに耐えうるか、という心配が今度は出てくる。

ルーズだからこそ安全基準は高くなる

隈　東日本大震災後、多くの人が東北の復興について話をしていますが、これからもし東京で地震が起きたらどうなるか、ということはあまり議論されていません。それを僕はすごく不思議に感じています。養老先生がお住まいの鎌倉だって、海岸に近いから津波の危険性は当然ありますよね。かつては、鎌倉の長谷《はせ》の大仏さまのところまで津波が来たとか。

養老　1498年の明応《めいおう》地震では、津波が大仏の足元まで来たということです。

隈　津波の危険は日本中、どこにでもあるわけです。今、みんなの頭が東北というフレームだけでいっぱいで、それ以外の地域のことに議論がまったくいっていないのは異常です。

養老　ただ僕が驚いたのは、あれほど強く揺れても、東京方面では死者が非常に少なかったことです。都心部では、老朽化した九段会館の天井が崩れて二人が亡《な》くなりましたが、それ以外に大量のケガ人や死者が出るような建物の倒壊はなかった。日本の建築って大したものだな、と思いましたね。

隈　建築に関しては、揺れはすべて計算の範囲内ですから。それから、これは大事なことなんですが、建築工事に関して日本人は手を抜いていなかったという事実があります。中国・四川の地震では、鉄筋が入っていなかったから多くの建物が壊れたわけで、現地では「おから工事」という言葉が流行語になりました。日本のゼネコンは、当たり前なんですが、ちゃんと鉄筋を入れて建てていたんですよ。

養老　２００５年に騒がれた耐震強度偽装の事件では、Ｋ建設が話題になったでしょう。どこかの設計会社の人が、あれよりも10年以上前に、Ｋ建設の現場監督と一緒に地方自治体の役所か何かの現場を見に行ったことがあった。そのときＫ建設の現場監督は「ああ、鉄筋ってこんなに入れるものですか」って、つぶやいていたとか。設計会社の人は妙なことを言うなあと思ったそうですよ。

隈　ブラックユーモアですが、建築の構造計算は基本的に３倍の安全率を見ています。もちろんこれは地震に対する備えでもあるんですが、施工《せこう》段階でヘンな手抜きをするやつもいるだろうということで、そのリスクも上乗せされているんです。建築ってそれほどルーズな世界なんですよ。大地という得体の知れないナマモノの上に建てるから、当たり前といえば当たり前なんですけど。だから自動車などの安全基準に比べて、建築の安全基準というのは飛び抜けて高く設定されているんです。

養老　じゃあ、Ｋ建設ぐらいの偽装だったら、実際はそんなに……。

隈　いやいや、３倍の安全率をもっと超えていた偽装だったということで、すごく危ないんですけど（笑）。

養老 隈さんに聞きたかったことがあります。直下型の地震と、今回のように遠くで起こった地震の揺れが伝わってゆっくり揺れるタイプとでは、建物の壊れ方はまったく変わってくるんですか。

隈 建物の固有振動と、地面の固有振動と、地震波の振動数の3つの相関でダメージは決まります。この建物は直下型には弱かったけれども、遠くからの揺れには強かったはずだとか、条件によっていろいろな組み合わせが考えられます。建物によって運不運があるんです。ただ先ほども言ったように、現在の日本の構造設計方法は、どの組み合わせになっても、どんなに運が悪くても、十分な耐震性があるように、安全率を高めに設定してあるんです。今回の震災は、日本の構造設計法の安全率の見方は正しかったという証明にはなりました。

養老 地震のとき、東京で超高層ビルを外から見ていた人が「怖かった」と言っていました。大手町のJA（全農）のビルと日本経済新聞社のビルが、隣のビルにぶつかるんじゃないかってぐらいに揺れていたのを、神田《かんだ》で見ていたそうですよ。

隈 超高層ビルは揺れるけれど、それでも壊れないようになっているんです。東北でも火災はありましたが、津波被害のなかった建物は、存外に持ちこたえました。地震にとりあえず耐える建物を建てるだけなら、日本人は一番得意です。

養老 東京の近郊で最も被害が出たのは、建物そのものじゃなくて、例の液状化という土地の問題でしたよね。住まいとは建物だけで成立するのではなくて、土地そのものの素性や形も含んでいて、それがダメになると暮らしは全部壊れちゃう。それは阪神・淡路大震災のときにしみじみ感じました。被害が出たのは平地で、六甲のように山際《やまぎわ》のところは何ともなかったですからね。

隈 液状化問題というのは、建築と土木という縦割りの世界の境界にあるものなんです。だから実は、土木の人も、建築の人も、液状化に関してはどっちも責任を感じていない。土木の人は、大きな橋梁《きょうりょう》を作るとか、土地を埋め立てるとか、そういう大きな絵を描く。敷地に分割してからは、建築の人の仕事です。建築の人は建築の図面は描くけれど、それが建つ地面に関しては実はよく分かっていない。土木の人も境目のことはよく分かっていない。ということで、津波と同じく、液状化の問題もノーマークでした。結局、土木も建築も大地というナマモノ、ナマな自然の前では無力だったという、当たり前の事実の再確認なんですけどね。

養老 津波といい、液状化といい、建築界にはノーマークのところがけっこうあるんですね。縦割りの境目がノーマークで放置されてきた、というのは日本の建築界だけなんですか。

隈　それは日本だけじゃないですね。言ってみれば、近代的なテクノロジーの宿命です。例えばレオナルド・ダ・ヴィンチがひとりで建築の絵を描いて、土木の計画図も起こしていた時代だったら、その過程で起こる問題は個人の想像力でカバーされていたわけです。でも、近代のテクノロジーは分業が基本ですから、どうしても境目ができる。

養老　ジャンルごとに専門化する代わりに、隙間《すきま》の部分は穴が開いたままなんだよね。

隈　そうです。そしてその穴に関しては、誰も責任を取らなくていい、という話になってしまっている。今回だって液状化で誰が責任を取るかっていう話はあんまり出ないでしょう。しょうがないって、みんな思っているじゃないですか。それで最後には「運が悪かった」で、あきらめて終わり。

養老　でも、それも正しいんだよね。「運が悪かった」んだよ。ただ、誰の運が悪かったかが問題ですよ。液状化するようなところに住宅を作ろうと思ったやつなのか、それ以前にそこを整備したやつなのか、あるいは、それを買ったやつなのか。さて、誰の運が悪かったのかね。

買い手に土地を検討されたら困る

隈　さっき出てきた兵庫県の六甲にしろ、東京の山の手にしろ、昔の人は土地を見ていましたよね。だから金持ちは安全なところに住んでいたわけです。それが現代は、埋め立て地にも結構なお金を払って、喜んで住んでしまう。なぜかというと、デベロッパーが根本的な危険性に気付かれないようにして、土地や建物を売っているからです。買い手に土地をじっくり検討されちゃったりしたら困るから、上物でまやかしを施す。

でも、上物をどんなによくしても、土地が悪いということが分かったら、絶対に売れません。とはいえ、今や悪い条件のところにしか土地が見つからないわけだから、そこに高級住宅地風な道や街路樹を盛り込んで、デザインにどこかの建築家を呼んできて、と、上手に化粧を施して、肝心なところに目が行かないようにして販売する。買い手が分からないところでそういう情報操作をされちゃっているんです。いわゆる住宅専門家のような人たちだって、肝心の土地のところはあんまりアドバイスしないで、やっぱり漆喰《しっくい》がいいとか、自然素材でエコロジーなものはこれだとか、うわべの話しか言わない。そもそもデベロッパーも住宅専門家も、ある種の共存共栄関係にあるわけですから、土地の話をちゃんとする人は、どこにもいない。

養老　昔のじいさん、ばあさんだったら、「そんな川っぺりに住んで水が出たらどうするの」って言ってくれるでしょう。今だったら本当は自治体がそういったことを把握していないといけないんだよね。でも自治体の職員だって、よそから来た人たちだったりする。鎌倉なんか典型ですよ。あるまとまりを持った人間の集団が、ある生き方をしているところなら、どこに住んだら危ないかといったことは、わりあいきちんと伝わっていくはずなんです。岩手県宮古市重茂《おもえ》の姉吉《あねよし》地区には、昭和三陸大津波のときに建てられた「此処《ここ》より下に家を建てるな」と刻まれた石碑があって、その言い伝えを守った集落が、今回津波から被害を免れたんですよね。

僕は阪神・淡路大震災のときに東京大学出版会の理事長をしていたんです。そのときに『日本の活断層』という本を、８００部だったかな、追加で印刷したらあっという間に売れてしまった（笑）。それで気が付いたのは、活断層の位置を建築関係者や役所関係者がそれまで把握していなかったということです。本を買ってくれたのは、ほとんどゼネコンでしたからね。

隈　実際は、活断層との距離や、土地の性質によって、地震波の伝わり方もいろいろ変わってくるんです。でも、今の法律のシステムは、全国一律の建築基準法ですからね。地盤の硬さや軟らかさに関係なく、一律の法規で安全を決定する、というやり方をいまだに続けている。明治以来150年、一律方式は変わっていない。考えてみればこれも不思議なことです。

養老　日本は地球のプレートが4つぶつかっている場所に位置していて、活火山の数が110あり、活断層が約2000もありますよね。活断層の真上でも、地盤が安定しているところでも、すべて同じ基準というのはナンセンスだよね。まあ、本当に活断層の真上だったら、建築基準法もへったくれもないだろうけど。

隈　この震災を機に、そういったところも議論して、現実的な着地点を見つけたいですよね。ところが、震災後すぐは、どうしても議論が過激なところに行ってしまう。例えば市街地は全部、高台に作り直せ、とか。一律になんとかしろ、という方向に振れがちなんです。そのことに僕は危うさを感じますね。関東大震災後の異常な心理が、日本人を太平洋戦争まで駆り立てたということを、養老先生が池田《いけだ》清彦《きよひこ》先生（早稲田大学教授・生物学評論家）との対談でお話しになっていましたが、まさしく今も震災後の特別な心理みたいなものが極端な方に振れています。僕たちはもともと非常に不安定な国土に住んでいる。だからこそ、「だましだまし」の手法を磨いていくしかないんだけど。

養老　高台に市街地を作るっていっても、高台にだって別の問題があるでしょう。

隈　高台には土砂流の危険など別のリスクがあるし、新しく造成するにはコストもかかる。でも復興議論では、その高台がどういう地盤でどういう場所なのか検討しないで、ただ高台なら安全だと言っている感がある。そして、土砂流の危険があるなら、次は砂防ダムを作ろう、という話にもなる。結局、税金を払う人たちが、とんでもないリスクを背負わないといけなくなるんです。海沿いの被災地ばかりに目が行っているから、今は高台が理想的な解決法だと宣伝されている。あるいは、ガレキを撤去してその跡地には全部、森を作れというアイディアもあるけれど、その森だってメンテナンスは、誰のお金で誰がするんでしょうか。

養老　建築の法規もそうだけど、被災地の再建法も一律というのは、おかしいですよね。

隈　地盤と、地震波と、建築の振動数の相関関係から計算すると、もっと細い柱でも建築が成立する土地もあるわけです。そのような土地では建物の柱を細くしてもよいことにすれば、資源やエネルギーを無駄に使わなくて済む建築が可能になります。逆に、もっと柱を太くしなければならないところも当然あるでしょう。

養老 そういう計算は面倒なものなんですか。

隈 全然、難しくないんです。超高層ビルなどの特別な建物は「建築評定」というプロセスを通らなければならないという決まりがあって、そこではいろいろと綿密な計算を求められます。ところが、評定がかからない建物は基準が一律で、パソコンですぐ計算できるようになっています。それには、地盤の性質や建築の固有振動数といった要素はまったく入ってきません。でも、普通の小さな建築でも、そういった要素を取り込んで計算をすることは、今の技術レベルなら簡単なんです。無意味な一律の基準をやめて、それぞれの土地で細かく計算して「だましだまし」やるという方法も今なら十分可能なんです。

養老 その「だましだまし」という姿勢は大事なことですよ。

隈 「だましだまし」で復興を地道にやっていけば、その過程で新しい科学や技術が使えるようになり、一歩ずつ補強されていく。そういう方法論で、この危なっかしい場所を現実的に住みこなしていくしかないんですけどね。

養老 ２０１１年の台風12号で和歌山と奈良の山奥に大きな土砂被害が出て、１００人ほどが亡くなりました。あの台風で流されたのは、杉と檜《ひのき》の植林地だったんです。和歌山や奈良の十津川《とつかわ》のあたりはとても険しくて、日本では他にあまり見られない山の形をしています。例えば箱根あたりの山は傘形で、それが日本でよくある山の形です。北アルプスの勾配《こうばい》はかなりきついけれども、それでも基本的には傘形。ところが、紀伊《きい》半島から四国の中央山地を抜けて九州までつながる中央構造線の谷は、ものすごく急なんです。木が生えているから気付かないですが、裸にしてみたらよく分かると思います。グランド・キャニオンのような険しい稜線《りょうせん》で、斜面が非常にきつい。台風12号のときは、その斜面全体が流れたんです。なぜ流れたのかと言うと、その急な斜面に、日本人がまた律儀《りちぎ》に、徹底的に杉と檜を造林していたんですよ。広葉樹は深く根を張りますが、杉の木の根は浅いんです。それを全面に植えた場合、いったん流れ始めると全部がダーッと流れてしまう。

隈 杉と檜を造林した結果、土砂崩壊しやすくなっていたんですね。

養老 そもそも地形が急なところは、ある程度の土砂崩壊はしょうがないんです。でも、何メートル間隔おきにでも天然林を残すことができれば、ここまで被害は拡大しなかったのかもしれない。「だましだまし」ができなかったんですね。

僕が思うに、和歌山県と高知県の人は、どこか精神構造が似ているんじゃないかな。植林でも何でも徹底的にやってしまう印象がある。

隈 戦後の林野行政では、杉の植林に徹底的にシフトしました。またしても全国一律の影響があるのでは。

養老　そうですね。だから仕方なかったといえばそうなんですよ。戦争中にあれだけ家を壊されちゃったでしょう。戦後は全国で家をどんどん作っていったんだから、材木が足りなくなりますよ。金もないから、日本の森を徹底的に使って、森が裸になったら、後はまた植えなきゃならない。そこで成長の早い杉や檜が徹底的に植えられた。でも、日本が関税を撤廃させられて、1970年代のオイルショックでアメリカの景気が落ちたときに、ドカーンと外材が入ってきた。そうしたら、木材の価格は3分の1になっちゃったんです。それから後はご存じの通りで、林業は40年で壊滅ですよ。それが回り回って、台風の土砂崩壊につながるんだから、結局は戦争のツケですよね。

原発問題も土建問題も戦争のツケ

隈　実は戦争のツケは今でもいろんなところにあるんだと実感しています。原子力発電の問題はもちろんそうです。敗戦後の日本各地に安定した電力網を作るためには、電力会社に利権を寡占《かせん》させ、甘い汁を吸わせないといけなかった。そうして電力会社に絶対損をさせない電力行政というものができあがって、今に至るわけじゃないですか。それが震災のときの原発事故にまでつながったんです。

養老　戦後の日本は既得権益エリアを作って産業を振興させ、資本主義国家のインフラを整えてきました。そのまま残っていた半世紀前の古いシステムが内部崩壊してしまったのが原発事故ですね。そうしたシステムの切り替えどきというのは結構、難しいんです。

そこで僕が興味を持っているのは、東京中にある超高層ビルです。これからもあんなに高いビルを作り続けるのか。こうしたやり方は、いつ切り替わるのでしょうか。

隈　日本のデベロッパーは、超高層にからむような大きなプロジェクトをでっち上げて、話題作りをしない限り商売ができないという構造になってしまっています。「だましだまし」ということができない業界なんですね。

例えば、新しいビルを作って古いビルのテナントをそっちに入れ替えることで、あれこれお金を動かす。移りたくないテナントでも、いろいろな付き合いにからめとられて、相手の言うことを聞かなければならないケースが多い。普通の古いビルを故意に古くてぼろいビルということにして、商売を回していくんです。新しい超高層ビルに入っていないと一流企業に見えないというのも日本的で気持ち悪いですね。テナントを回転させないとデベロッパー産業が成立しなくて、ゼネコンも利益が上がらない。そもそもゼネコンは、改修だけをやっていても利益が上がらない構造になっています。だから、「だましだまし」ができない。

日本の建設工事業界では、あらゆる品質向上の努力をして、何でもきちんと作り続けてきました。その結果、建築価格が世界一高くなってしまったんです。その単価は世界標準の何割増しで、それがビルの家賃やマンションの値段にも反映します。こと建築に関しては、この国はめちゃめちゃ重いハンディを背負って走る競走馬みたいなものです。だから、新しい巨大プロジェクトをでっち上げて収益を上げない限りは儲《もう》からない。

養老　まさに森ビルなどはそれを延々とやっているんだろうね。そういった大きなプロジェクトは、震災後もまだ動いているんですか。

隈　どうにかして動かさざるを得ない状態です。ゼネコンだってデベロッパーと一体になっていますし、政治家にとって建設業界はいまだに大きな支持基盤ですから。業界全体が必死に回転し続けないとダメなので、悲惨です。

養老　このシステムは日本独自のものなのでしょうか。それとも他の国にもありますか。

隈　実は中国も同じ構造になっています。中国では早くも製造業では利益が上がらなくなってきていて、今の経済成長を維持するためには、デベロッパーに頼らざるを得ません。不動産価格を上昇させて儲けることが、短期的には一番高収益になってＧＤＰを押し上げるんです。フィクショナルな成長だけど仕方がない。デベロッパーや建設業から恨まれたら今の政府は存続できないので、中国はデベロッパーをつぶしません。それでも、あんまりバブルになると民衆の不満が爆発して政情が危うくなるので、いかにデベロッパーをつぶさないで不動産の値段をゆっくり上げ続けていくか、ということが中国政府の基本政策になっています。だから、中国でも慢性的なバブルがずっと続いていきますよ。

養老　深圳《しんせん》でマンションを買おうとすると、もはや日本と同じ値段になるって、この間知り合いが言っていました。ところで、デベロッパーとゼネコンによる土地の経済回転の構造というのは、東北の被災地にも当てはまるのでしょうか。もし当てはまるのであれば、震災によってその回転の動きが加速しているような状況はありますか。

隈　さすがに被災地で超高層ビルを建てようというデベロッパーはいませんが、基本的には日本全国どこでも建設業と政治家がグルになって、建設が永遠に続いていくようにしなきゃならないので、被災地復興でもそのような構図になるでしょう。そして、回転の歯車の一つとして、コンサルタントという地面に大きな絵を描く人たちが登場します。コンサルが行政に呼ばれて役場の人たちと一緒に絵を作るんです。行政とコンサルと政治家というのは、一つの「アミーゴ」になっていますから。

養老　建築家はどうなんですか。

隈　建築家は、建築の格好のことしか考えられない変人だから、アミーゴじゃないです。「先生」とか適当におだてられて、その外側にいます。でもアミーゴに入ったって、結局、その歯車の絵しか描けないわけだから、別に入りたいとは思わない。自分がやりたいこととは違うところで回っている友達の輪ですからね。

養老　建築家は輪の中に入っていないのか（笑）。それにしても、建築関係にはものすごくヘンな人がいますよね。僕が知っている人では、高山英華《たかやまえいか》さん（故人）だろう、それから黒川紀章《くろかわきしょう》さん（故人）、あと藤森照信《ふじもりてるのぶ》さん。

隈　高山先生は都市工学の神様みたいな方で、僕は直接の面識はありませんでした。黒川さんもすごく変わっていらっしゃいましたし、藤森さんもそうです（笑）。

第2章　原理主義に行かない勇気

コンクリートは「詐欺《さぎ》」に似ている

養老　戦後の日本に限りませんが、都市開発に「大局観」というものが欠けているのは、20世紀の考え方の特徴なのかもしれません。エネルギー問題にしても、俯瞰《ふかん》して見ることが、あまりにもおざなりにされていたのが20世紀です。

実は、経済成長の要因として資本や労働の重要性は低く、エネルギー消費量の増大の方がはるかに重要だというモデルを立てて、アメリカと日本と西ドイツの経済成長を計算したところ、ぴったり当てはまったんですね。１９７０年代にそれを最初にやったのが、ドイツの物理学者ライナー・キュンメルだったんですよ（デイヴィッド・ストローン著、新潮選書『地球最後のオイルショック』５章より。このモデルは「ＬＩＮＥＸ関数」と呼ばれる）。その時点での経済学は、「経済成長はエネルギー消費と関係している」ということに気が付いてない。あんまり大きな声では言えないけど、文科系の学問ってのはアテにならないな……と思ってさ（笑）。

隈　環境問題のデータも読み違いはだいたい経済学方面からと言われています。経済学の考え方とは自然科学の考え方とはちょっと違うのでしょうか。

養老　経済学の考え方は、つまりは人間の欲望をベースにしているのかもしれません。だから、「こうありたい」というバイアスが強くかかってしまう。その意味でいうと、建築は基本的に客観性、科学性重視で、経済の要素は二の次でしょう。いくら経済を重視して建てたって、建物がつぶれたら話にならないもの。

隈　とはいえ、建築の基本はやっぱり人間同士の信頼関係なんです。特にコンクリートが主流になった20世紀の建築というのは、基本的には信用で成り立っている危ない世界です。だって、一度コンクリを打ってしまったら、中に何が入っているのか分からないですよ。鉄筋がなくたって、水をジャブジャブ入れたコンクリートだって、外からは見えない。だから、人を信用できない殺伐とした社会になると、例の耐震強度偽装のような事件がバンバン出てきて、誰もが建築を大嫌いになる。コンクリートがあれだけ世界に一気に普及したのは、技術としてものすごく単純だったからなんです。要するに簡単なベニヤを組み立てる技術があれば、世界中どこでもできる。でも、組み立てた中に何が隠されているのかは、誰にも分からない。ネズミだって猫だって入っちゃいます。世界にバーッと広まった技術ではありますが、まったく信用だけで成り立っているあやしいものなんですよ。

養老　ちなみに20世紀以前の手法では、そういう問題は起こらなかったんですか。

隈　石造りでは、やっぱり一個一個ちゃんと石を積み上げていかないと、そもそも建物が建たないですよね。「石を積む」という技術はある程度のレベルが保証されているわけです。でも、コンクリートを使うようになった途端に、まったく保証がない状態になったんです。

養老　コンクリート建築の信用性というのは、社会や国などの信用性につながっているということですか。

隈　間違いなくつながっています。特に日本の大工さんは技術力が高くて、ベニヤを手早く組み立てることができた。それが逆説的にまずかったのかもしれませんが、建築家がどんなに勝手な造形で図面を描いても、日本の大工さんがいればたちまち世界で一番きれいなコンクリートが打ち上がるんです。建築家の妄想みたいなものを実際に形にしてくれる、素晴らしい職人さんがいたわけです。日本の建築と建築家は、丹《たん》下健三《げけんぞう》さん以来、黒川紀章さんも、安藤忠雄《あんどうただお》さんも、ベニヤをうまく組み立てられる日本の職人さんがいたおかげで世界に名前を知られた。まあ、甘やかされていたようなものなんですよ。もちろん僕もその恩恵にあずかっています。それで、ものづくりの厳しさを、どこか忘れちゃったのかもしれない。

養老 コンクリートでできていれば安心だ、という「コンクリート神話」が消費者の側には確実にあるでしょうね。

隈 これも逆説的ですが、中身が見えなくて分からないからこそ、強度を連想させる何かがある。生活の危うさとか、近代の核家族の頼りなさのようなものを支えてあまりある強さを感じるのかもしれません。そういう何かにすがりたいという人間の弱い心理に付け込んだ、詐欺のようなところがコンクリートにはありますね。石やレンガの積み方はひと目で分かりますから、こちらは欺《あざむ》きようがない世界です。でもコンクリートは完全に密実なる一体で、壊しようがなく、圧倒的強度があるようにみんな思い込んでしまう。実はその中はボロボロかもしれないのに。

養老 なぜ日本の都市建築では木をもっと使わないのでしょう。

隈 それは関東大震災と、太平洋戦争のトラウマですね。木造の建物が燃えて、多くの人たちが亡《な》くなったわけですから。それで国が、以後は不燃化こそが都市計画の中心だと言うようになって、木造は作りにくいような法律になりました。

養老 その不燃化が行き過ぎて、碁盤の目型の都市計画や郊外住宅、超高層マンションなど、僕がすごく苦手とする風景が日本にできちゃったんですね。

隈　その風潮は21世紀になっても、しぶとく生き残っています。しかも、より洗練された言い訳を伴っているんです。例えば高層マンションを建てる人の理屈は、高層マンションによって緑地ができるから、環境に優しいんだそうです。

養老　そうだね、環境に優しいとか言ってるね。

コンビニ型建築をひねり出したコルビュジエ

隈　20世紀にはル・コルビュジエというフランスの有名な建築家がそういう屁理屈《へりくつ》をこねて、パリを全部、高層マンションにして、緑地をたくさん作って「輝く都市」にしようという絵を描いていました。まあ、正気でなかったことだけは確かですけれども。

コルビュジエは20世紀最高の建築家と言われていますが、どうして彼が有名になったかというと、ピロティ（建物を支える細い柱）でもって、建築と地面を離したからです。そういう、自然との不自然な関係の作り方で、彼は世界的に知られるようになった。彼の代表作と言われているサヴォア邸は、パリの郊外にあるのですが、もともときれいな緑に囲まれている美しい場所に建っています。それなのに、わざわざピロティで建物を浮かせて、寒々しい屋上庭園を作って、自然と一体に住むとか称している。

養老　すでに庭園はあるのになぜそんなことを。

隈　そうなんですよ。周りの緑の方がよっぽど感じがいいのに。コルビュジエは、そこは湿度が高いから、庭園を上に上げた方がいいとか、これまた屁理屈をこねまして。でも、その場所に行けばそれがウソだということがよく分かるんですよ（笑）。

養老　コルビュジエはどうして、そういう屁理屈をひねくり出さなきゃならなかったんですか。

隈　その方が世界のどこでも通用したからです。だってピロティにして、大地から建築を切り離せば、どんな環境の中だって一応、同じように均質な建築空間は作れるでしょう。そのやり方は、インドでもアメリカでも、どこでも通用することを彼は見抜いていたんです。そういう意味ではマーケティングの天才ですし、それで世界的に有名になったようなものですから。

養老　ある種のユニバーサルデザインみたいなことだよね。

隈　まさにユニバーサルデザイン。その手法が商品として世界で一番たくさん売れると彼は考えていた。

養老　建築の商品性でいえば、コンビニやスーパーのような建築だね。

隈　そうです。だから、アフリカでもニューヨークでも、どこでも同じパッケージで通用する、コンビニ的、スーパー的建築の原型が、コルビュジエの時代にできていたんですね。でも、彼が設計したサヴォア邸はクライアントから訴えられたんですよ。

養老　それはなぜですか？

隈　住み心地が悪いとか、予算オーバーとかいろいろと。まあ、あんな美しい自然の中で、屋上庭園とか作れば当然だと思いますが。それで、彼は友達のアインシュタインなんかも引っ張り出してきて、天才のアインシュタインがその家を褒めていたとか言い訳をして、クライアントの機嫌を取ろうとしたんです（笑）。今でもそういうやり方で抗弁する建築家はたくさんいますけど、住む方としては、ヘンなものを建てられたと、怒りたくなりますよね。

養老　でも、それが今では名作と言われているんでしょう。

隈　20世紀の傑作、最高の住宅と言ったら、だいたいサヴォア邸が選ばれるんです（笑）。それは20世紀という不自然な時代を象徴しているようなものなんですよね。

ファッションで買われていく高層マンション

養老　20世紀の終わりに流行になった高層マンションだって、相当、不自然ですよ。

隈　高層マンションや超高層マンションが、どういう動機で買われているかというと、それはファッションなんです。高層マンションは、階数を増やして、高くしていけばいくほど、エレベーターなどで垂直移動をする機能が占める割合が多くなってきて、効率が悪くなってきます。

養老　ある高さを超えると、逆に効率が悪くなるだろうね。

隈　厳密な計算をしていくと、それぞれの敷地で、このぐらいの高さが最適解だというのは出ます。理科系的にそういう最適解の計算はできるのですが、これが文科系的なマーケティングの世界に移行した途端にファッションになって、一律に高層マンションが正解だという結論になっちゃう。高いところがファッションとして価値があるとなると、上の階は値段がどんどんつり上がって、商売としてうまくいっちゃう感じになる。

養老　そこで理科系の検証が脇《わき》に追いやられるんだな。高層マンションに関していえば、「人口圧力設計」の観点から最適なのかどうかを別にして、地面から切り離されている高層ビルで、子供はどう育つのか、そのあたりは懸念《けねん》を持ちますね。

隈　それを研究している学生がいます。いろいろな影響があるようですよ。

養老　たぶん生まれてしばらくの間に、空間認識の基本ができると思うんです。それが高層ビルに住んでいる人と、地面近くで住んでいる人とでは、えらく違ってくる可能性がある。

震災復興にしても、都市計画にしても、僕が考える一番の問題は、「人口圧力設計」なんだよね。人口が増えてきたときに、どう住むのが合理的かという問題になる。それで高層ビルがエネルギー上、不利かというと、必ずしもそうは言えないんじゃないかとは思います。例えば宅配便は、高層マンションなら、玄関に置いておけばよいわけだから、効率が良い。人間が集中するということは、ある点では有利ですよね。その意味で郊外型の住宅は、人が移動するにも、モノを運んでもらうにも、明らかに輸送コストがかかりますからね。その計算を、これからきちんとやらなきゃいけない時代なんじゃないかな。

隈　先生のイメージする高層というのは、どのくらいの高さですか。

養老　それこそ、土地の条件によって最適な高さにすればいいと思うんですが、ただ

500メートルとかいうような超高層計画は、ほとんどクレージーですよね。

隈　はい……。

養老　要するにネックになっているのはエネルギー問題なんですよ。ただ、エネルギー問題は難しくて、人間が住むところを広げた方がいいのか、集中した方がいいのかということは、簡単には答えが出ないんです。北海道の中標津町《なかしべつちよう》に行ったときに知ったんですけど、中標津町は住民を中心部に集めているんですよ。その方が公共投資が安くつくから。その後すぐに岡山の田舎に行ったのでさらに印象的だったんですが、岡山では過疎地《かそち》でも古くから住んでいる人たちの家があって、水道やガスなどを全部、公共投資でやらなきゃならない。町の財政は困っているのにね。僕の家みたいに、水道管は自分で引くし、ガスは来てないし、というようなところに比べたら、岡山の過疎地の方がはるかにいい暮らしをしているんですよ。

隈　養老先生の鎌倉のお宅にガスは来ていないんですか。

養老　プロパンですよ。だって市街化調整区域だから。

隈　なるほど。先生のお宅はすごいロケーションにありますからね。お寺がある山の裾野《すその》で、石畳の細い坂道があって、きれいな水が流れていて。初めてお訪ねしたとき、駅からそれほど遠くないところに、こんな桃源郷があるなんて、とびっくりしました。

確かに、元来、市街がない場所ですよね。

養老　震災復興でも、地域計画でも、これから先を見るときは、都市に集中させるのか、郊外に広げていくのか、どっちがいいのかは、結構、きちんと考えなきゃいけないんじゃないかって思います。

簡単には解けない「システム問題」

隈　何度も言いますが、集中させるか、郊外に広げるかというのは、全国一律という発想ではなく、すべてローカルで考えなければならない問題だと思うんですね。

養老　そう、地域の特性ごとにね。

隈　その場所での最適解というのは、ちゃんと計算すれば出てきます。ある解をそれぞれ条件の違う地域に、いっせいにあてはめようとするのが一番危ない。ある場所では高層化が効率的かもしれないけれども、じゃあ全国に高層化を広めようというのは、それこそコルビュジエ的な20世紀流の考え、つまり時代遅れの考えです。

養老先生が育ったのは、もちろん高層ビルではないですよね。

養老　全然違いますね。駅前の長屋ですよ。隣近所はみんな知っているし、ガキどもは全部一緒になって遊んでいるし。犬が歩いていたら、どこのうちの犬か分かる。顔が飼い主にそっくりなんだよ（笑）。隈さんはどういうところで育ったのですか。

隈　僕が生まれ育ったのは、横浜市の大倉山です。郊外といえば郊外かもしれませんが、当時の大倉山の僕の家は、すぐ裏に農家があって、うちの祖父がその農家の土地を分けてもらって住み始めた場所なんです。祖父は東京の大井で医者をやっていたんですが、都市が嫌いで、土日には必ず大倉山で畑仕事をやっていた。僕が生まれたのが昭和29年で、その後にだんだん郊外化されてきてしまうのですが、僕が育った時代は、その前の里山の姿が残っていました。

養老　だったらヘビとかいたりしたでしょう？

隈　家の屋根裏や軒下にヘビが住んでいる友達は何人もいたし、裏山にはウズラがいて、沢ガニも採れました。それで、小学校は田園調布まで通っていたんです。大倉山と田園調布は東横線で15分なんですが、この15分にものすごいギャップが集約されていました。

養老　ほう。

隈　かたや農村の面影が残る町、かたやザ・新興住宅地。それも田園調布は、新興住宅地の中でも自分たちが最もブラッシュアップされていると思っている人々が住んでいる場所ですよね。田園調布の友達の家は、典型的な成金仕様で笑っちゃうのがあったり、見せびらかさないタイプの渋い金持ちで、すげえなと驚くのがあったり。いろいろ観察していましたね。それで子供のころから、すごく意地悪な目線が身に付いいちゃった（笑）。

養老　鎌倉では僕が子供のころに大きな家が全部なくなってしまってね。関東大震災後に別荘として建て替えられた昭和初期の大きな建築が多かったんですけれど。ほとんどが洋館で、僕の子供時代にはおそらく100軒近くあったんじゃないでしょうか。

隈　そんなにたくさんあったんですか。

養老　今は大きいものは3軒しか残ってないですよ。一つは鎌倉文学館になっている、旧前田家の別荘です。もう一つが、鎌倉市が最終的に買い取った旧華頂宮《かちょうのみや》邸。これはフランス風の庭園があって、すごく立派な洋館です。それから駅の近くにある、濱《はま》口《ぐち》雄《お》幸《さち》さんの別荘。これは最近誰か買ったんじゃないかな。

困るのは、そういう1軒の邸宅をつぶした跡地に、今は家が10軒も建つんですよ。道が狭いところに人が増えると、車も増えて危ない。今、都市計画の話をしていますが、この国にはそもそも都市計画はないんじゃないでしょうか。初めに計画していないんだから、途中から考えようといったって、むちゃくちゃな話でね。

隈　おっしゃる通り、この国に都市計画はありません。

養老　だいたい都市を計画して作る、という発想がヨーロッパ型の考えで、アジアを見ていると、都市って自然発生するんですよね。そもそも僕は、都市計画という言葉自体が、よく分からないんですよ。植民地にする、というならまだ分かりますよ。でも、計画によって、どこまでもとの土地とのつながりは考えられるんでしょうか。地方ごと、地域ごとに最適解があるという話がさっきあったけど、部分的な最適解は全体の最適解に一致しないで存在するでしょう。

隈　最適解を足していくと「合成の誤謬《ごびゅう》」というやつが生じますよね。

養老　これは難しくて、そういうのを僕はまとめて「システム問題」と呼ぶんだけど。20世紀が置いてきた問題の一つは、まさしくシステム問題ですね。簡単な例でよく議論するのが、「中国で米をどこへ運ぶか」という問題です。あれだけ広い土地に人口がばらばらに分布している国で、お米をあちこちで作っている場合、どこで作った米をどこへどう運んだら最も運送費が安いか、ということを解くものです。

隈　一見、簡単そうですが。

養老　そう、そんなこと単純だろうと思うでしょう。これが解けないんだよ。この最適解って、ものすごく難しいんです。米の収穫量などの条件がちょっと変わると、全体が、ガラッと変わる。計算がものすごく面倒くさいし、ややこしくてしょうがないわけ。なかなか最適解が出ない。

隈　建築でも、土地の与条件をコンピューターで計算して、そこから導かれる開発計画を論文にする学生が出てきています。つまり、ある計算式にあてはめれば、論文の1本も書けるのですが、現実にはほとんど役に立たない。論文生産装置としてはいいんだけど、そういう研究をして将来につながるかというと疑問です。

養老　分かりますよ。極端に言うと、中国の米の輸送問題でも、条件を数値化してプログラムに入れて、コンピューターに勝手にやらせるという手があるんですよ。ただ、一番の問題は、出てきた答えが果たして正しいのか、正しくないのか誰にも分からない（笑）。それが最適解だということにすると、神様のご託宣に近くなる。

隈　都市計画という言葉を誰かが上から振りかざすときは、注意しなければなりませんね。被災地ではそれこそ都市計画が毎日のように議論されているだろうけれど、養老先生のように懐疑を持った人でなければ、本当はそういうことに関わってはいけないんです。

アジアの都市は自然発生的

養老　市街化調整区域にある僕の家は、隣に家がないんです。隣はお墓で、裏は国有地の崖《がけ》で、前が道路なんですが、法務局に行くと、この道路はありません。

隈　建築基準法上は、建築が建てられないはずの場所ですね。

養老　そうです。だから既得権ですね。もともとおばあちゃんが一人で住んでいた小屋のあったところです。

隈　そういうところが実は一番、恵まれているんですよ。法規制のパラドクスは、法規制の外側が一番守られていることなんです。結局、僕らの仕事で面白い建物を建てられるのは、いわゆる都市計画からはこぼれ落ちた、そういう既得権でしか建てられないような、ヘンな場所です。阿武隈川《あぶくまがわ》の川沿いにそば屋を作っているときもそうでした。そのそば屋は店の縁側から一級河川に飛び込めるところにあるんですよ。そんなこと、今の法律だったら絶対に許されないことでしょう。でも、堤防の内側にもともとあった小屋をきれいにして、それをそば屋に変えるんだから、そんなことができる。建築家としては、そういう物件の持ち主から声がかかるのが一番「やった！」と思うときですね。結局、一般解なんか求めずに、例外を探していけばいいんです。本当はすべて例外なんですね。

養老 建築ってロケーションが大事でしょう。

隈 ロケーションで8割ぐらい決まります。建築家がやれることなんか限られているんです。ロケーションが恵まれていたら、だいたい勝ったも同然です。ダメな建築家が素晴らしい与条件をめちゃめちゃにすることは山ほどあるけど、与条件をプラスにできる幅はちょっとしかない。

養老 それなのに今では建築の話って場所と切り離されて語られがちですよね。被災地復興の議論もそうだし、日本全国の都市計画についても、場所との関連が無視されているでしょう。

隈 20世紀の建築のテーマは、都市化の名の下で建物と土地を切り離して儲《もう》けましょう、ということでしたから。

養老 先ほどの隈さんの話でいうと、それを先頭でやっていたのがフランスのコルビュジエだったわけですよね。ヨーロッパはいざ知らず、アジアを回っていると、都市や町なんかは自然発生するもんだ、とつくづく思うんだけど。僕が不思議に思うのは、中国人ってどうしてああいうふうに連担《れんたん》するのかってことです。連担って、要するに軒を並べることですが、中国の人って建物の間に一切隙間《すきま》を空けないでベターッと並べちゃうんですよね。チャイナタウンって全部そうでしょう。僕、愕然《がくぜん》としたのはトロントですよ。カナダは悠々としていて、トロントだって広い都市なのに、チャイナタウンに足を踏み入れた瞬間に、軒が全部つながっていて、道の上は人でいっぱいなんですよ。

隈　軒をつなげるのは、中国の南の方の都市で一般的な「ショップハウス」という都市住宅の伝統なんですね。中国でも北の方は「四合院《しごういん》」という中庭スタイルで、南が京都の町家にも似ているショップハウスです。

養老　ラオスでも長屋になっているんですよ。新築でも２階建てでダーッと並んでいて、下が店で上が住居という感じ。

隈　一説によると、間口の広さに応じて課税されたため、税金を安くしようと狭い間口で建てたとか。まさに京都の町家のような感じですよね。ただ、そういう制度が原点にあるとしても、税金だけで町並みは決まらないから、人間に染《し》み付いた空間感覚とか、精神性のようなものもあるでしょう。

養老　広いところでも、ギュッと詰めるのが習い性になっちゃっているということですか。

隈　快適な空間感覚とか、人との距離感というのが民族によって違うということは、絶対にあるはずです。

養老　中国人の空間認識ってちょっと変わっているよ。僕、客家《ハッカ》の家を紹介してもらったことがあるんだけれど、あれも変わっていたね。長屋が円く連なっているやつです。円の中心が共同空間になっている。エドワード・ホール（アメリカの文化人類学者）という人が『かくれた次元』（みすず書房）という本を書きましたが、あの本は文化によって空間の感覚がどのぐらい違うかについて、まともに議論したものの一つですよね。

隈　そうですね。アングロサクソンって、やっぱり土とくっついていないといけないから、ラテン系とずいぶん住み方が違うんです。ローマ時代にすでに「インスラ」という名前の立体型の集合住宅があって、人の上に人が平気で住めたんだけど、あれはラテン系の文化だから可能だったんですね。アングロサクソンは地面との近さが重要だという農民の感覚だから、そういう住み方に馴染《なじ》めない。イギリスなんかでも一時、高層マンションブームがありましたが、スラム化することが多くて社会問題になったんですよ。要するに土地から離れちゃうと、彼らはダメなんですね。

アメリカの真っ白な郊外と真っ黒な石油

養老　アメリカ型の郊外住宅はどうなんでしょうか。

隈　まさにアングロサクソンの住み方の延長です。ただ、アメリカの郊外住宅が本当に土地と密着した、自然と一体になった住居かどうか、というあたりが、アメリカ文明の最大の問題点です。養老先生がご著書で、石油というものがアメリカ文明の基本にあって、それが20世紀をアメリカの時代にした、つまり諸悪の根源が石油にある、という話をされていましたが、僕もすごく同感です。

石油を僕の言葉で翻訳すると「アメリカ型郊外住宅」というものになるんです。アメリカ型郊外住宅は、要するに、石油で走る車で郊外と都市を行ったり来たりできるというシステムです。都市からどんどんと郊外に広がっていけば、自分たちの理想の土地、理想の生活が手に入るという、アメリカ中に広がった「ドリーム」というか「錯覚」を、石油が可能にしたんです。あの芝生の上の真っ白なアメリカの郊外は、実は真っ黒な石油と一体だったんですよね。

養老　隈さんは、住宅ローンもそれに与《くみ》したということを『新・ムラ論TOKYO』

（集英社新書）にお書きになっていますよね。

隈 アメリカでは第一次大戦後に住宅ローンという制度を発明して、それを使い切って郊外をバンバン開発して、そこに家を建てれば幸せになるよ、という夢を売ったわけです。それがうまく行き過ぎちゃって、アメリカ経済はヨーロッパを追い越した。さらに懲《こ》りずにサブプライム・ローンを開発して、必要のない庶民まで50年代のアメリカンドリームに乗せようとしました。そういう物語がまだマーケットにあったんです。

養老 リーマン・ショックで見事に破綻《はたん》したけどね。

隈 サブプライム問題は、そういう意味で20世紀の終わりを象徴するものですね。日本では阪神・淡路大震災によって住宅ローンで買った家がつぶれたとき、アメリカではサブプライム・ローンが破綻したときに、20世紀に終止符が打たれたんです。

養老 僕はいわゆる郊外のニュータウンというのは、見るだけで嫌いなの（笑）。ニュータウンって、歩いていても、自分がどこにいるか分からなくなる。ところが昔の鎌倉は人力で開発してきた土地だから、道は地形に合わせて這《は》っていて、家もそれに合わせて建てている。自然の地形のままになっているから、どう歩いても退屈しないんですよ。ウチのそばの谷戸《やと》のトンネルなんかも、いつ、誰が掘ったのか知らないけど、曲がっている。四角い方眼みたいな街を作っちゃうのは人間のためには絶対にならない、というのは直感的に分かります。ぐちゃぐちゃで、わけが分からず、クネクネ曲がっているのが街だと僕は思っているんです。

隈 鎌倉も今ではずいぶん開発の手が入りましたよね。

養老 戦前、鎌倉はどこもクネクネとした街だったんですよ。それは僕も知っているからね。そんな街を一番変えちゃったのが、海岸道路ですよ。

隈 西湘《せいしょう》バイパスですか。

養老 そうです。西湘バイパスは時々、台風でやられるんですよ。あんなところに一直線に道路を作るから当たり前だよね。国道134号線だってそうです。鎌倉の海岸の松林がきれいに消えちゃったんですからね。それで砂浜がどんどん傷《いた》んできたんで、どこからか砂を運んでこなければならなくなった。あれは旧・建設省が本当に無考えでいじったんだよね。

隈 日本で「海辺にいい土地があります」と言われても、どこも道路が土地と海の間にあるから、行ってみると全然、海辺じゃないんですよ。

養老 そうなっちゃったでしょう。

隈 日本にいいリゾートができないとか何とか言うけれど、それは高度成長のときに道路を海際《うみぎわ》に通しちゃった時点でもうダメなんですよ。その後、何をやっても手遅れ。都市計画には一種の運動神経が必要で、ある時期にやったことが、後で効いてくる。一度、タイミングを逃したら、後でカバーすることは、絶望的に難しくなります。

養老　そういうことを、これから震災復興しなければならない自治体が考えているかどうかですね。それで建築家の隈さんに聞きたいんだけど、街を碁盤の目にするとか、道路をまっすぐ通すことに、建築学としての合理性はあるんでしょうか。

隈　僕の考えは違いますが、最も効率良く道路面積を最小化すると、数学的にはそうなります。でもその最小化というのは、実は本当の意味での合理性じゃないわけです。土地の価値がそれで全部均一化されちゃって、結局、値段だって一緒に下がってしまいますから。

養老　でしょう。やっぱり近視眼的な発想だよ。

隈　不動産屋的な、最大床面積を確保しよう、という考えだったら、とりあえずまっすぐの道路と碁盤の目になります。それが本当に困ったところなんです。

養老　先ほども言ったけれども、かつて鎌倉にあった昭和時代の邸宅がつぶれて、その跡地に極めて細分化された、非常に小さな単位の家ができるというのは、何て言えばいいんだろう。何か適当な述語を作ってみたいね。「細民化」とでも言うのかな。

隈　鎌倉に限らず、都市の中心部も周辺の文化的な土地も、お屋敷がつぶれた後は、どこも細民化して、しょぼいマンションになります。もったいないな、というありがちな情緒的な言葉で片付けるのではなく、どうしたら相続税に対抗したまちづくりができるかを、考えなくちゃいけない。

「見えない建築」は偽善的

養老　隈さんの著書『負ける建築』（岩波書店）を面白く読みましたが、「負ける」という言葉から僕が連想したのが、「見えない建築」。ひところ、僕自身が「悔しかったら、見えない建築を作ってみろ。それが人間にも環境にも一番いいだろう」と、建物を作る人たちに憎まれ口を言っていたんですよ。

隈　「見えない建築」というのは建築家にとって魅惑的な言葉ですね。僕にとってはそれが「負ける建築」なんです。建築がいろんな欲望から自由になって、さまざまな外力を受け入れる受動性の建築はできないかと思って『負ける建築』を書いたのですが、これまでに土に埋める建築など実際にいくつかやってみました。でも、建物を無理に土中に埋めるとなると、その土地の水脈を切ったりしますから、やっぱりそれは負けたことになっていないんですよ。建築が水脈に勝ってしまっているわけですから。とにかく土に埋めればいいというものではないんですね。逆に、土に埋めることで、隠れた場所で悪さをしていることになってしまう（笑）。

養老　そうでしょうね。土に埋めるためにかなりのエネルギーコストがかかるはずです。一見良さそうでいて、実はコストもかかり、環境破壊にもなるというのが実態なんですね。

隈　最初に土を掘る時点ですごくエネルギーを使います。地下の建物は、地上に建てるものより3倍のコストがかかっていますから、3倍のエネルギーを使っている。ということは、3倍の石油を使うわけですよ。それなのに、見えない建築は環境にも良さそうに思われてしまうので、ある意味、偽善なんです（笑）。

養老　難しいもんですね。

隈　一番大事なのは、一律に土に埋めたりするのではなく、「だましだまし」やっていくことでしょう。だから、建築家自身がファンダメンタリズム（原理主義）に陥らないことが重要です。環境はもちろん大事ですが、原理だけで建築を作ると、そのロジックが時代遅れになったときに、とんでもない負債を背負うことになります。海外で建築プロジェクトの説明会や講演をしたりすると、環境に関して必ず揚げ足を取ってくる質問者がいます。例えば、「和紙と木を使ってアルミサッシのない建物を作ります」と言うと、「断熱性が悪くてエネルギーを余計使うんじゃないか」とか鋭い質問をいっぱいしてくるんですよ。そういう質問のときは、「アイ・アム・ノット・ア・ファンダメンタリスト（私は原理主義を採らない）」と答えると、大爆笑で終わります。

養老　うまいね。それで分かってもらえますか。

隈　欧米の人は、そうするとすべてパッと分かってくれる（笑）。

養老　すべての局面で「アイ・アム・ノット・ア・ファンダメンタリスト」は使えますね。でも、日本人でそういうのが理解できない人たちも、いっぱいいそうなんだよね。

隈　それはやっぱりジョークというか、センス・オブ・ユーモアの感覚が必要です。人間は死ぬんだから、生きているうちは笑うしかないんです。でも、それを言うのは日本じゃなくて海外です。残念ながら、この当たり前の真実が日本ではなかなか通じません。

養老　そうでしょう。震災後の閣僚の失言追及もそうだったけど、日本の市民は激怒しそうだよ（笑）。

第3章　「ともだおれ」の思想

ベネチアの運河に手すりを付ける？

隈　東京はバブルの後でも、あちこちで再開発が進められています。養老先生がおっしゃる「細民化」で、むしろたくさんの人が都会に住めるようになるのだったら、その方がいいんじゃないか、という単純な議論もあります。でもそうすると、周辺の道路やインフラの面で別の問題が出てきますし、景観だって壊れてしまいますよね。

養老　それを僕は「システム問題」と呼んでいるんだけど、そういうことを全部、この国は置き去りにしてきたなと思います。２００８年の秋葉原無差別殺傷事件の直後の対応が典型的にそうでした。歩行者天国をやめて、ナイフの販売を規制する。本当にアホじゃないかと。

隈　システムに切り込もうとせず、対症療法しかできないんですね。

養老　一番手前のところ、表面的なところしか分からないから、そこしか考えようとしない。「だましだまし」とは違いますよ。因果関係で考える習慣がないんですよ。

そうすると、大きなシステムの問題というのは、いつも置いてけぼりを食っちゃう。第2章で人口圧力設計が大事だと僕は言いましたけど、日本はこれから人間が減っていく方向になると思うんですね。上手に減らしていく、と全員が決めれば、都市計画はずいぶん楽になっていきますよ。

隈　その通りですね。

養老　都市にバカでかいものを作るんだったら、集約の効果が出るような計画を練る。都市に人口が集中すると、地方では土地が空いてきますから、今度は過疎地《かそち》をどう利用するかを考える。国土を全体的に利用するということに本気で取り組まなければならない。ところが土地の活用について考えると、省庁間の縄張りが大きな壁となって立ちはだかるんです。農林水産省、国土交通省、環境省を始め、おそらくほとんどの省庁がからんでくる。それぞれ所轄《しょかつ》の官庁が違うわけですから、こんなシステムでは都市計画を立てるなんて無理でしょう。

隈　僕が設計した「長崎県美術館」には、敷地に運河がありました。建築の管轄とその運河の管轄が違ったために、問題が起きたんです。運河には子供が落ちないよう高さ1メートル10センチの手すりを付けろ、という規則があったんだけど、そんな手すりを付けたらもう運河とは言えないじゃないですか。ベネチアの運河に全部手すりを付けたらどうなりますか。美術館サイドは、美術館と運河を一体化した雰囲気にしたいから、手すりを付けたくなかったんです。でも、運河の管轄はそれを許さない。もう日本国中、全部そういう具合になっているんですね。

養老　結局、手すりを外すことはできたんですか。

隈　手すりの手前に緑地帯があったので、その緑地帯の幅と手すりを合計して1メートル10センチにします、という理屈で手すりを低くできました。これも「だましだまし」ですが。

養老　鎌倉にある鶴岡八幡宮《つるがおかはちまんぐう》の前の通りは、街のメインストリートなんだけど、開発が進んでだんだん統一感がなくなってきたんです。せめて建物の色には統一感を出したい、と有志で動いたことがあったんですよ。もう30年も前の話ですが。その陳情先はどこに行き着くか分かりますか。市役所とか、国の住宅局、都市局とか、いろいろあるんだけれど、最後は公安委員会（都道府県の警察を管理するための行政委員会）なんだよ。

隈　公安ですか。

養老　交通信号の邪魔にならないようにって（笑）。

隈　そんなところまで出てくるとは。肝心のテーマカラーは決まったんですか。

養老 公安に行かなきゃならなくなった時点でもう、やめました（笑）。これは日本の役所特有の現象だね。

隈 省庁の壁を取り除くという大仕事を上からやってくれる、大きなビジョンのある政治家が日本には長いこと不在なんです。というか、日本にお上のコントロールが機能していた時代は、今も昔もないんですけど。

養老 そのコントロールの主体は、日本の場合は「世間」のような気がしますね。暗黙の了解ということが日本では大事なんですよ。これが昔から非常に厳しくて、だから子供が運河に落ちたらどうするんだ、みたいな話になっていくんですね。

　隈さんは建築をやられていて、お上じゃなくて世間が相手だと思いますか。

隈 その世間の質が下がっちゃったから、困っています。

養老 まさに、そこが問題なんだよ。昔は川に落ちるやつってのは酔っぱらいで、ただ笑われただけだったんだけどね（笑）。それが笑い話でなくなっているのが今の時代です。世の中と僕らとの常識が合わないんですよね。だから都市計画なんかも、どうせにっちもさっちもいかないものを作るんだろうな、とつい思ってしまう。本当は、どういうふうに国土を動かしていったらみんなが幸せに暮らせるか、ということを考えてほしいんだけどね。

マンションに見るサラリーマン化の極北

養老　隈さんは都市建築をやるときに何にフラストレーションを感じますか。

隈　デベロッパーだけしか都市を作れない、自分は関与できないという現実ですね。日本では、建築にお金を出す人のスタンスが、基本的に「サラリーマン的」なマーケティング主義になってしまっているんです。そのサラリーマン・ロジックで都市を作ろうとしているから、つまらなくなる一方なんです。

サラリーマンと、そうじゃない人間のメンタリティはものすごく違うという話を、養老先生も言われていましたが、僕もこの二つは、「民間対公務員」もしくは「男対女」以上に、大きな違いがあると思います。でも、その違いに日本人は気付いていないんですよ。

養老　同じビジネスをやる人間でも、サラリーマンがビジネスをやるのと、そうじゃない人がビジネスをやるのと、メンタリティがものすごく違いますね。

隈　僕らのクライアントになる人は、日本だとやっぱり90％がサラリーマンなわけです。ところが世界に目を向けると、建築に関わる人間の中でサラリーマンはとても少ない。やっぱり、とんでもないことを考えて、都市を面白くする力を持っているのは、サラリーマンじゃない人たちですよ。

養老　ある意味、建築ってとんでもないことだよね。

隈　そうなんです。すごく暴力的になることもあるし、たくさんお金をかけたのに失敗することもある。すごくリスクが大きいわけで、普通のサラリーマン的メンタリティで建築という行為に関わるのは、そもそも無理があるんです。海外で僕と一緒に都市や建築に関わる連中は、サラリーマンではない人たちがほとんどです。サラリーマンがリスク回避だけで建築を作ろうとすると、それはただのつまらない陰湿な暴力みたいになっちゃって(笑)。だから日本は、仕事をしていてすごくフラストレーションがたまりますね。

養老　つまり一人ひとりが自分で立ってないんだよ、日本は。

隈　養老先生はサラリーマンと非サラリーマンの違いを、いつ、研究されたのでしょうか。

養老　それは大学で働いていれば、嫌というほど分かりますよ。大学は、ほとんどみんながサラリーマンだから。サラリーマン的であって一番よくないことと言えば、日本の場合は機能的じゃなくなることですね。現場にいる人は、機能的じゃないととても困るんです。建築も現場を抱えているから、よくお分かりになるでしょう。現場というのはルールで動かない。適当にごまかす方が早いしスムーズにいく。解剖なんか典型的にそうです。解剖の手順をいくら厳しく規定したって、死体は一個一個違うんだから、ルール通りになんていかない。だって、そうでしょう。まず採寸からして違うから困っちゃう。

隈　現場に単一ルールを押し付けるやり方はバカげていますよね。

養老　そう、こっちは太っていて脂《あぶら》が多いけど、こっちは瘦《や》せていて脂が少ないんだから、それを一律の時間でやらせようとしたって無理。おい、お前、あっちは早いのに、こっちは遅れているじゃないか、と学生に怒ったってしょうがないでしょう。死体を取りに行くのだって、100キロ先まで行かなきゃならないときもあるし、隣近所に引き取りに行けば済むこともある。夜中に行かなきゃならないところもあれば、真っ昼間に普通に行けるところもある。そういう、ありとあらゆるケースを、サラリーマンはルールで縛って均一にしたがるんです。

隈　スーパーやコンビニと同じ発想ですね。

養老　その方が能率がいいというわけだけど、でも矛盾する部分は全部、現場に押し付けているんですね。だから別な言い方をすると、サラリーマンは「現場がない人」

です。

隈　そうなんですよ。サラリーマンには現場がないというのはすごく大事な指摘です。建築の場合は現場所長というのが、昔はサラリーマンじゃなかったんです。現場所長だけはものすごく権限があって、現場単体で赤字・黒字を考えなかった。こっちの現場で貸して、あっちの現場で借りて、とやりくりしながら、この現場は損してもいいから少しいいものを作ろう、この現場は無理を省いて儲《もう》かる現場にしよう、と、メリハリを利《き》かせることができた。それを一人の所長がコントロールできたから、いろいろと面白い建物もできたし、建築も文化たりえた。でも、今の現場所長は全員、完全にサラリーマン化するという方針になっている。現場単体で赤字を出したら、もう出世はできなくなるんです。だから建築から文化がどんどん消えています。

養老　そうでしょう。

隈　しかも建築の資材を発注する購買という部門は全部、中央購買と呼ばれる、本社ですべての発注をコントロールするシステムになっています。例えばアルミサッシを買うとき、昔は現場所長がアルミサッシ屋とじかに交渉できて値段を決めることができました。今は中央の本社購買部というのがコントロールする方向になっています。現場所長は一国一城の主《あるじ》ではなく、計算機を叩《たた》くだけのサラリーマンで、アルミサッシ程度の交渉すら自分でできない。かわいそうですよ。

養老　ハンバーガーショップの店長さんたちと同じだ。

隈　そうなんです。設計者はそのショップのメニューの中から選ぶような設計しかできません。都市がさびしくなるのは当たり前です。建築のファストフード化で、面白い建築ができるはずがない。

養老　そういったサラリーマン化を日本人は「進歩」と称して今までやってきているんですから、どうかしていますよ。

隈　マンションの建設においてもサラリーマン的なロジックが詰まっています。例えば、ビニールクロスを使わないとマンションが建てられなくなっている。なぜかというと、壁にペンキを塗ると必ず〝割れる〟からです。少しでも壁にクラックが入っていると、「何か手抜き工事をしたからじゃないか」と大クレームになる。「ほら、クラックが1本入っている。地震が来たときに壊れるんじゃないか」と言われただけで、売主側は抗弁できないんですね。

養老　だってそれは表面のペンキにヒビが入っているだけでしょう。

隈　そうなんです。でも、「いや、ペンキが割れているだけですよ」と説明しても、「その奥にもっとひどいヒビがあるんじゃないか」、「内部まで割れていないと証明できるか」と言われてしまう。そんなことを証明するためには、ビルを壊して見せるしかない。建築というものは大きくて複雑で、すべてが見通せるものではありませんから、いったん誰かが疑い始めたら、それに対して説明のしようがないんです。

養老　異常だね。

隈　もう、すべてがそういうふうになっています。例えば壁の下には「幅木」がありますよね。床と壁の接するところに取り付ける、隙間《すきま》を隠すための木材ですが、この幅木と床の隙間が3ミリとか1ミリとかあるだけで、「欠陥建築だから建物を壊せ」みたいなクレームになるんですよ。だから、クレーム対応の安全なデザインしかできなくなる。寸法が微妙に調整できて、床の不陸《ふろく》（デコボコがある状態）に合わせられるような塩化ビニール製の柔らかい幅木しか許容されないんです。しかもその下の隙間は名刺1枚という基準があったりする。隙間に名刺が2枚入ってもダメだし、名刺が入らなくてもダメ。検査のときは、マンション会社の人が名刺を持って、一所懸命ピッピピッピッと隙間に差してやるんですよ。

養老　こう言うのも何だけど、バカみたいだよ。

隈　これが、サラリーマン的社会が行き着いた結果なんですね。サラリーマンにしてみると、お客からのクレームで手直しの工事が発生して赤字になったり、ヒビ一つで訴えられたりしたら最悪ですから。

養老 お客も作り手も、両方ともサラリーマンということだね。変に均質化している。

隈 まさにそうなんです。お客の方も家を買うときは、自分が一生をかけて住宅ローンを組むんだから、という気持ちでしょう。そうやって買った家にヒビが少し入っていただけで、「俺の人生を返してくれ」とクレームをつけたくなる。

養老 サラリーマンだと藤森照信さんの家は住めないですね。値段じゃないですよ。あんなめちゃくちゃな家は住めないでしょう。彼は自然と建築との合体として、「ニラハウス」や「タンポポハウス」を手掛けていますが、自分の子供が「お前の家の屋根にはタンポポが生えてる」って、いじめられたと言っていた（笑）。

隈 僕の経験から言うと、施主《せしゅ》って最初は建築家のアイディアに「ああ、いいですね」と言ってくれるんです。でも、実際に家ができあがって住み始めたりすると、やっぱりこれはあまりにも建築家の言うことを聞き過ぎてしまった、ということに気付く。だから、あるときを境に人間関係ががらりと変わる（笑）。建築とは、やはりリスクの大きい買い物でしょう。要は、その巨大なリスクの全貌《ぜんぼう》を分かって、それでもやるかどうか、です。

「ともだおれ」を覚悟できるか

養老　建物を建てることは医者を選ぶことと実は同じなんですよ。

隈　すごく、似ていますね。

養老　何てったって命懸けだからね。だから医者選びで一番正しい態度は、医者と「ともだおれ」することなんです。任せるときは任せる。今の人はそれがないね。信用ってそのことなんですけどね。だって任せられれば、相手も結局は悪いようにしないんだよ。その場合、マイナスのことは起こってもしょうがない。壁にはクラックぐらい入るよ。夫婦げんかして茶碗《ちゃわん》を投げたって、ヒビは入るんだから。

隈　本当に向こうが「ともだおれ」する気持ちになって信頼してくれれば、こっちだって悪いことは絶対にできないです。建築を作ると、基本的にはすごく長い付き合いになります。20年経《た》ったときに、施主と口もきかなくていい、なんて建築家は思いませんよ。僕は絶対にそうは思えないタイプです。10年後も20年後も仲良くいたい。そういう気持ちにお互いを持っていくということが、ある意味、建築家の技みたいなところもあります。建築家だってデザインだけできればいいわけじゃなくて、「ともだおれ」関係に相手を持っていけるかどうかなんです。それが実はお互いにとって大事なんですね。そうしないと実際にはいい建築なんかできません。

養老　さっきから繰り返し隈さんと僕が言っている「サラリーマン性」というのは、その「ともだおれ」を否定するんだよ。医者の世界に保険の点数制度が導入されたとき、われわれとしては同じような問題が起きたんです。腕のいい医者だろうが、悪い医者だろうが、治療点数は同じだという、こんなバカな話があるか、というのが武見《たけみ》太郎《たろう》（日本医師会会長、世界医師会会長を歴任。１９８３年没）の言い分だったんだけど、僕はよく分かりましたね。

隈　確かにそうですね。

養老　他方からいえば、国民が平等にある程度の質の医療を受けられるということは、大事なことですよ。だけど、おそらく今、日本の医療というのは、もうある程度格差を付けないと、どうしようもない時代にきている。例えばガンの治療では、外科手術は実は安いんだけど、患者さんは体の負担が大きい。患者さんにとって一番楽なのは電子線治療。効果が高いのは放射線や粒子線による治療。ただ、そのためには１クールで３００万円ぐらいかかるんですよ。その現実を、「医療は平等に」という建前がまだ認めてないんだよね。

知っていますか？　粒子線治療が高くなっちゃった理由は大型コンピューターなんですよ。中曽根康弘《なかそねやすひろ》が政治的なバーターで医療機器はアメリカから買わなきゃならないようにしちゃった。そのおかげでバカ高くつく。日本製だったら安いに決まっているのに。

隈　日本人だったら高性能のものを安価に作りそうですよね。

養老　だからそういうのは全部、僕が言う「システム問題」でしょう。今は、一つの問題をシンプルに片付けるということができない時代。一つのものに、いろいろなことがからんでくるから。

隈　アメリカの医療では、患者からのクレームや訴訟に備えて、お医者さんが払わなきゃならない保険というのがすごいらしいですね。年間何千万円にもなるから、それを差し引くと収入額はとんでもなく低くなると聞きました。

養老　患者から訴えられたときに最低2000万円ぐらい払わないと医者ができない社会になっています。みんなそういう保険に事前に入るから、保険屋だけが儲かるんです。アメリカは、やっぱりすごく異常ですね。

隈　日本もそれを追いかけようとしているから、びっくりしちゃう。

養老　日本元来の「ともだおれ」社会の方が楽ですよ。「ともだおれ」の関係でいえば、建築だって現場が裁量を持って、経営者の感覚でやった方がいいものができますよね。

隈　そうです。だって日本の建設業は、それでずっと質を上げてきたんですから。部品を集めて、それに保険料を足すだけではいいものにはならないわけです。アルミサッシはここ、壁紙はここ、というような足し算では、絶対に質は担保できない。それらを結ぶ現場の力が圧倒的に重要です。

養老　日本のものづくりが強いというのは、現場が強いということだったんですよね。今、現場が弱くなっているから、日本の経済も低迷している。ものづくりのメリットをどう活《い》かすかが大事なことですね。若い人にどうやって暗黙のうちにたたき込むか。僕が考えているのは、体育というか、身体《からだ》の使い方なんですよ。

隈　それはおっしゃる通りで、僕のような仕事でも、現場に行って歩き回れば、本当にいろいろなことが分かります。今は、現場の映像をコンピューターで送ってもらえば分かるという理屈で、現場に行かなくていいなんていう建築家もいるけれど、絶対そうじゃない。やっぱり大事なことは、現場に行って、立って、歩き回って分かるんです。

養老　それは医者も一緒ですよ。検査結果やＣＴや、遠隔地の患者データをパソコンで送ってもらって、手術もパソコンの画面を通して指示してやるとかいう話があるけれど、そうはいかないんだよ。

隈　パソコンなんかでは分からない、もっと非常に複雑な要素が医療の質というものを決めていますよね。建築も同じです。

骨ぐらいは折ってみた方がよろしい

養老　現代人は感覚が鈍いですから。自分の感覚が鈍いということに気が付かないぐらい、鈍いんです。だから、身体が感受している情報を、意識の方が無視してコンピューターを信用したりするんだよね。それは大きく言うと、この社会を覆《おお》う「システム問題」と一緒です。あるものを形作る非常に複雑な要素を、頭が無視している。身体と意識の乖離《かいり》は、医者をやっているとよく分かりますよ。死にそうになっていたって、気が付かない人がいるんだから。てめえの具合が悪いというのにね。

隈　実は僕も出張先のタイで肺炎になって、帰国した成田でいきなり倒れて、救急車で病院に運ばれたことがあります（笑）。身体のどこかがものすごく悪化していても、人間の身体って分からないものなんですね。

養老　意識というものが、あることは拾うけど、あることは拾わないようになってきている。しかも現代生活をしているとどんどん鈍くなっちゃうんです。

隈　だいたい、今どきの日本人って、変わったシチュエーションに置かれないでしょう。例えば、先生の鎌倉のお宅に行く道は、でこぼこのある石畳でしたが、街では同じ堅さの平らな地面しか歩きませんから。

養老　「土木・建設関係の人は、何でこんなに舗装するんだよ」と、いつも僕は文句を言っています。それこそ、着るものもいっぱいあれば、靴だって何十足も買えるような時代なんだから、泥だらけの地面を歩けばいいだろうと思うんです。汚れたら洗えばいいだけなんだし、俺だって洗濯ぐらいできるよ、と言うんだけど、分かってくれない。

隈　僕も、均質なきれいさから逃れる建築を試みているのですが、そう思っていてもすごく大変で（笑）。どんどんバリアフリーとかユニバーサル何とかになって、2ミリの段差も許さない、という不自然な社会になっているんですよ。

養老　2ミリって段差と言うのかね。

隈　2ミリでも足が突っかかることは、一応あるんですけれども。世の中が異常な管理社会へと、どんどん流れていますね。

養老 僕の言ってることって、現代文明への文句ばかりでしょう。「じゃ、養老先生はどうしろとおっしゃるんですか」と責められることもあるから、何とか審議会とか講演会なんかで、建物や町並みを語るときに、あらかじめ口封じで「一つだけ具体的な提案を申し上げます」と言っておくの。「今後、新しい公共の建築物、ないしはご自宅を新築なさるときは、すべての階段は一段一段、幅と高さを変えられたらよろしい。そして、それをバリアオンリーの建築と言えばいい」と（笑）。

隈 荒川修作《あらかわしゆうさく》さん（現代美術家・故人）が設計した「養老天命反転地」（岐阜県養老町）のようですね。養老天命反転地で来園者に骨折する人が続出したとき、「人間、骨ぐらい折ってみた方がいい」と荒川さんが返したというエピソードがあります。

養老 荒川修作さんにすっかり気に入られちゃって、彼が設計した三鷹《みたか》のアパートに住まないかとか言われたことがあります。うっかりすると住むことになっちゃうところだった。ただ隈さんは、お仕事として、荒川さんのようなことは言えないですかね。

隈 「ともだおれ」関係に持っていけば、実は何でもできます。

養老 都市建築でそれができたら面白いよね。

隈 それはすごく大きな「ともだおれ」関係を作らなきゃいけないですね。やってできない話じゃないんですよ。

例えば木を使う都市建築。木というテクスチャーは、年月でどんどん変わっていくから、20年、30年の長いスパンで施主と信頼関係を築いていかないとならない。それは「ともだおれ」関係以外にありえないんですよ。東京の汐留《しおどめ》なんかはその正反対で、最新のテクノロジーを集結して、不確定要素のない超高層ビル群の街を作り上げていますけれども。

養老　汐留のホテルに行く用事があってさ、暑い時分にエラい目に遭ったよ。だって、どこに行っていいか分からない。延々と歩く羽目になって。

隈　汐留にあるような大きなビルを建てた場合、サラリーマン的な考え方では、すべてのテナントからきちんと家賃を取らなきゃいけないわけです。最低家賃×平米数で、月々上がる利益をサラリーマンは必死に計算します。でも、そうやって計算を積み上げると、家賃が高くなって、なかなか普通の店は入居できなくなる。入居できたとしても、長期的に商売ができるところは少なくて、短期的に成り立てばいいようなショールームやアンテナショップがほとんど。汐留を歩けば分かりますよ。この場に根付いて長く商売をするのではなく、何年か後には撤退するような店しかないわけです。それでは楽しく歩ける街ができるわけがないですよね。

養老　二度と行く気にならないよ。

隈 アメリカでは超高層ビルの足元に花屋さんがよくあるんです。家賃をものすごく安く抑えて、1階に入ってきてもらうわけです。つまり、花屋さんは植木、並木と同じなんだ、という考え方ですね。並木から家賃を取るやつはいないだろうということで（笑）。

養老 確実に花を飾ってくれて、しかも自分でメンテナンスもしてくれるんでしょう。そんなにいい並木はないよね。

隈 要するに人間付き緑地ですよね。で、アメリカ人はコーヒーショップも同じように考えるんです。コーヒーショップは街に楽しい雰囲気を作ってくれるんだから、家賃を取っちゃダメだ、と。実際に、そういう店を低層部にうまく配置するだけで、街全体のイメージはガラッと変わります。

養老 でも、サラリーマンはそういう発想をしない。

隈 サラリーマンにとって大事なのは、街の楽しさではなくて「何でここだけ家賃を取ってないんだ」と上司に言われないようにすることですからね。でも、そういう状況だって、僕たちがこういうことを言い続けているうちに、だんだんと変わってくるかもしれないし。今の超高層の街でも、せめて1階には庶民的な、商店街的なお店に入ってもらう、という計画はもっと議論されていいですし、それが実現できたら、東京は本当に変わりますよ。

養老　東京の再開発された街は基本的に全部、鉄筋でしょう。木はないし、土はないし。申し訳程度に木を植えているけど、あんなものは木がかわいそうだよ。虐待《ぎゃくたい》だよね。

隈　植物愛護の精神（笑）。それ、出てきてもいいですよね。動物愛護ってあるけど、植物愛護ってないのかな。

都市復興の具体は女性に委《ゆだ》ねるべし

養老　震災復興にも関わってくる「都市と民主化」という問題は、実に難しいことですが、例えば隈さんは一から都市計画ができるとしたら、どういう発想をしますか。

隈　20世紀は石油とコンクリートという物質に規定された時代でしたが、それ以前の日本は木という物質とそのスケール感によってすべて規定されていたわけで、そこに戻ることができたら、日本はずいぶん変わります。東京をもう1回、木造の街にしたいと考えますね。都市建築を木造にして、そこら中に木を植えて緑地にする。木を不燃にする技術は画期的に進んできたので、リアリティがない話ではありません。

養老　さきほどの植物愛護の精神ではないけれど、緑のなさに関していえば、大阪はすごいよ。なぜ大阪はあんなに緑地がないのか不思議。中国風なんだよ。

隈　東京の緑地率は皇居があるから底上げされているわけで、大阪に比べて緑の割合が高いといっても、実感は薄いですけどね。

養老　大阪は商人の街で、日本で一番最初に民主主義化したところだから、皮肉な話、どこよりも先に「細民化」して、ああなったんですよ。

隈　都市がどのタイミングで民主化するかはその後を決める重要なポイントです。その意味で今、面白いのは中国なんです。東京はすでに都市をデザインし直すというタイミングを逃したけれど、中国の都市はある意味、民主化が遅れた分、チャンスがある。

養老　逆説だね。

隈　東日本大震災で被災した都市も、中国の都市のようなチャンスを持っています。その点で最も病んでいるのは東京。震災前の一時は、東京に観光客が増えたとはしゃいでいましたが、それは都市としての東京の魅力ではなく、銀座のブランドショップとか伊勢丹《いせたん》といった消費の場の魅力だった。地震で安全性が脅《おびや》かされると、外国人観光客はサッといなくなりました。それでも、秋葉原や下北沢といったオフの街の人気は根強い。

養老 だって、でかいビルなんて、上海《シャンハイ》の方がすごいもん。

隈 そうですよね。ですから東京にしても、「村」的な場所に本来の魅力はあると思っていますし、「村」で勝負するしかない。その「村」に木造の都市建築はよく似合うはずです。

養老 僕は都市が嫌いで、虫がいる過疎地しか興味がないのですが（笑）、日本の村は今、猛烈な勢いでつぶれています。それは現実的に暮らしにくいからなんですね。

隈 現代の消費社会に慣らされた感覚でいうと、そう感じてしまうでしょう。

養老 現代の村こそ車がないと生き延びていけないようになっちゃったでしょう。それと、女房に聞くとよく分かるけど、買い物をする場所がないとか、文化がないとか、女の人はいろいろ言います。その辺の女性の生き延びる感覚というのは、すごいものがありますよ。だから村には女の人が居着かないんですよ。居着いているのはばあさんだけという村があります。でも、そうなったらそうなったで、女の人って平気なんだよね。案外、腰を据えちゃう。男はその点、まったくダメですね。ですから僕は、都市にしても、村にしても、女の人の配分というのが重要なんじゃないかな、と思います。

隈 女性の力を使うというのは、従来の都市政策にはなかった面白い視点です。面白いだけでなく、重要なことでもあります。

養老　農村に嫁が来ないという問題があるでしょう。それはその土地の価値を如実《にょじつ》に表していると思います。都市計画で忘れられているのは、女の人の実感ですよ。それこそラオスとかブータンとか、基本的に女権で動いている社会を見ると、その方が自然だし、何で都市計画に男の建築家が出てくるんだよ、と思う。

隈　現実でいうと、女性はランドスケープ・デザインの分野はいっぱいいるのですが、都市計画は非常に少ない。女性の都市計画家が登場したら面白いし、東日本大震災の復興こそ、そういうチャンスだと思います。

養老　だから組んでやるべきですよね。具体的なところは女性にまかせて、抽象的なところは男にやらせてもいい、という具合に。僕は自分の家を建てるときにつくづく思い知っていますからね。箱根に建てた別荘だって、外側は藤森照信さんの設計かもしれないけど、中身は全部女房ですよ。僕は何の希望も言わなかったもの。屋根があって水が漏れなければいい、って（笑）。

隈　今、建築デザインの流れは、男の建築家が設計するときでも、女性的なものを大事にするようになってきています。だから女性の建築家と男性の建築家の両方が、ともに女性的になりつつある時代ではあります。

養老 僕が好きなラオスのルアンプラバンって、へンな土地なんですよ。メコン川とメコン川の支流が入ってきて、そこに細い鳥のくちばしみたいに飛び出した土地がルアンプラバンなんですが、通りが2、3本あってそれで終わりなの。しかも、その通りが全部露店というか、お店になっていて、座って店番をしているのは全部女性。一度見てみたら面白いですよ。

隈 男は何をしているんですか。

養老 男はたばこを吸っている。

隈 役に立たないということですね。

養老 そうなんだけど、生物的に自然なんじゃないのかな。ブータンに行くと、ばあさんと娘が畑を一生懸命やって、若い男がたんぼ道でうろうろしていますしね。

隈 いいなあ。うらやましい。

人間はどこにだって住める

養老 ブータンの家って見たことあります？ 基本的に自給自足の農家なんです。吹けば飛ぶような家でね。柱と壁に天井が載っかっていて、その間に隙間があって、ハトが入ってくるんだよ。

隈 世界を見渡すと、野生動物と暮らしている家って結構ありますよね。学生時代に集落調査で行ったアフリカのサバンナで、コウモリが家の中にたくさん住んで、飛び交っている様子を見て、びっくりしたことがあります。

養老 日本でもイエコウモリというぐらいで、コウモリはたくさんいるんですよ。

隈 あれは何か役割を果たしているんですか。

養老 別に何もしていなくて、完全に寄生しているんでしょう(笑)。適当な木のうろがないから人間の家にいるだけで。

隈 学生時代にアフリカのサハラ砂漠の周りの集落調査を通じて、現代の都市の問題を考えました。といっても難しいことじゃなくて、人間はどんな空間でも、どんなふうにでも住めるんだな、っていう当たり前のことを勉強したわけです。(笑)。

養老 そうでしょう!

隈 人間って、適応能力がすごいですね。

養老 まったく同感です。氷の家に住んでいるやつもいますから。生き物として考えると、人間ってもうめちゃくちゃですよ。

隈 牛の糞《ふん》を固めて作った家までありますから、多様です。

養老　海の上で何カ月も暮らすという人もいるしね。生物界を見渡しても、そんな動物はいませんよ。海の上で暮らすなんて、漂流したネズミぐらいなものでね。しょうがなく流木につかまっている。だから人間って、とんでもない動物なんです。僕が藤森照信さんから聞いた話で一番面白かったのは、モンゴルのパオですね。あんなところでどうやってプライバシーを守るんだと聞いたら、モンゴルではパオの中が公共空間なんです、と。プライバシーは外にある。

隈　それはアフリカのサバンナでも同じでした。土と動物の糞を固めてできた小さな小屋の中で、ものすごい数の人間が寝起きするわけ。日本人の感覚だと7、8人で、「うわっ多い」だと思いますが、住んでいる人に聞くと30人とか40人とかいる。どうしてそれが可能かというと、小屋の中こそ公共で、セックスは外でする。屋外の生活がすごく豊かで、そこに文化があるんです。

養老　それは僕もすごい逆転だと思いましたね。パオこそ、世界最初の都市計画かもしれません。

隈　プライバシーを守るために家を作るんじゃなくて、家は公共空間なんです。20世紀はプライバシーを考えすぎて、家というものが貧しくなりましたね。家こそが実はパブリックスペースだったということは、僕にとって大発見でした。東京を筆頭として、いわゆる「都市計画」が原点といかに乖離しているか、世界に出るとよく分かります。

養老 ひっくり返して考えると面白いですよ。

第4章　適応力と笑いのワザ

家の「私有」から病いが始まる

隈　都市にしても、住居にしても、家がプライベートな空間だと思ったときから、いろいろな間違いが始まったのではないかと僕は思っています。プライベートという思いがさらに進むと、「私有」になる。自分の一生の財産であり、人生の目標だと思い込むと、ペンキのヒビ1本も許さなくなるでしょう。そうして、ヒビの入らないビニールクロス張りのマンションができあがり、サブプライム・ローンの破綻《はたん》に行き着く。

養老　日本では分譲マンションが圧倒的に主流ですね。ビルそのものは公共的なものなのに、その公共的な場所の一部分を私有するというヘンな感覚が普通になってしまっている。

隈　年月が経《た》つとそのあたりの矛盾が大きな問題になります。マンションは建て替えがしにくい。建て替えられない場合は最終的にはスクラップにするか、スラム化してしまうか、しかありません。それなのに、分譲されるときは、あたかも一生の安心を買ったような気になってしまう。20世紀の最初に、住宅ローンで家さえ手に入れば幸せな一生を約束する、という上手なウソをアメリカが発明したのですが、そのアメリカ製の幻想が日本で一番うまく効いちゃったわけですね。

養老　買うときは、コンクリートだからいいだろう、と思うんだろうけどね。

隈　むしろコンクリートだからこそ、実は建て替えも簡単にできない。頑丈だということが逆にマイナスになってしまうわけですが、買うときはそれに気付かないんです。

養老　杉の植林と同じだよね。植えるときは5年で大きくなるのはいいじゃないかと思う。でも、50年後に花粉でみんなが苦しむというのは、まったく分からなかったわけだよね。

隈　都市というのは基本的に、賃貸という形を採用することで、家族形態の変化やライフスタイルの変化などに応じて、フラフラと移動しながら住むようにできているんです。経済状況だってしょっちゅう変わるし、それにつられていろいろなことが変わっていく。都市という生き物は、住宅を分譲して「資産だよ」と言った途端に、大きな病を抱え込むことになります。

養老　流動性がなくなることだからね。都市という生命体の代謝が悪くなる。

隈　日本人は景観としてもディテールとしても、豊かな住文化を持っていたのに、どうしてそれをぶち壊しにするようなマンションを乱造しちゃったのか、と外国人は言います。日本ファンの人ほど失望していて、オフィスビルなんかはまだいいけれども、日本のマンションはとても見られないと彼らは言うわけです。資産として売るためにどうしたらいいかという、分譲のマーケティングを徹底した末の肌寒い光景です。

養老　だいいち、アレをみんな求めているんですかね。

隈　いわゆるマンションの景観に満足している人はいませんが、実際に買う人はたくさんいるわけです。ですから売る技術だけは、ものすごく進歩しちゃったということですよね。似たマンションが建ち並ぶ場所では、他よりもこういうふうによく見せるとか、駅から遠い立地だったら、別の便利さを付加するとか。そうやってできるだけ高く売る技術だけが異常に進化して、いまだに買う人がいるんです。日本人は、いったん固定された課題の中でやる競争となると、異常に頑張っちゃう。

養老　分譲という手法は、高度成長期に大型のニュータウンを作るときに、金融のシステムと一緒に作ったシステムだよね。

隈　そうです。確かにそのシステムが経済成長期には内需拡大のドライブになりました。高度成長というのはインフレ容認型の経済ですから。消費者化する日本人に向けて純粋な金融資産だけではお金は増やせないよ、土地を持っていないとお金が目減りするよ、という幻想を与えたんですね。

養老　金本位制ではなく、土地本位制だね。

隈　おまけに現実には賃貸でろくな住宅が見つからない。それなら賃貸よりも買った方が資産志向も満たされるし、好きな環境にも住める。そのように幻想がどんどん補強されていったんです。企業にとってみれば思うツボで、賃貸よりも分譲の方がすぐにお金を回収できる。分譲で投資が処理できたらこんな楽なことはない。

養老　なんとも手離れのいいビジネスだねえ。

隈　僕は、都市に住むなら賃貸が合理的だと考えますが、もし家を「買う」と言う人がいたら、今お話ししたような、企業にとっておいしい分譲の背景は知っておくべきです。

販売者はマンションに住みたがらない

隈　養老先生はマンションに居住した体験というのはお持ちですか。

養老　僕はないですが、娘が東京のマンションに住んでいます。でも1階ですよ。マンションでも2階から上は無視して考えている（笑）。

僕の友達が大手のゼネコンに勤めているんですが、そいつがうちに来たとき、裏のお墓に行ったきり帰ってこないんだよね。しょうがないから見に行って、何をしているんだよと聞いたら、いや、ここにマンションを建てたらどうなるか考えていた、って（笑）。そういうやつに、お前はどこに住んでいるんだ、と聞いたら、「普通の家だよ」なんて答えた。

隈　マンションじゃない、と。

養老　そう。マンションに住まないのかと聞いたら、「冗談じゃない、何か起こったときに飛び降りられない家には住まねえよ」って。それを聞いているから、僕はマンションも１階しか勧めない。そもそも、エレベーターが嫌いなの。閉所恐怖症なんですよ。あれが真っ暗になって止まっちゃったらどうしよう、といつも思うから、エレベーターに乗りたくないんですよ。

隈　何か原体験があるんですか。

養老　はい。東京大学の解剖学教室は実習室が３階にあるんですが、死体置き場が地下で、エレベーターで上がらなきゃいけない。そのエレベーターが非常に古いんですよ。メンテをちゃんとやらないと、すぐに壊れるの。死体を上に運んでいる途中でエレベーターが止まることがあるんです。

隈　それは嫌ですね。

養老　二人きりで何十分も（笑）。だから俺はエレベーターが嫌いなんだよ。あれは一種の閉所だから、とても怖いですね。コスタリカで木から下りる原始的なエレベーターを楽しんだけど、あれはすごく気持ちよかった。ピューッて滑って片手で縄にブレーキをかけるんだけど、あんまりブレーキを利《き》かせると途中で止まっちゃうし、加減が難しい。

隈　そう言う養老先生が設計した都市というのに住んでみたい気がします。

養老　そうしたら僕、例えば池袋サンシャインシティから新宿駅までロープを張ります（笑）。上がるのはしょうがないからエレベーターで上がってもらって、下りるときはロープを伝ってピューッですよ。

隈　いいですね。

養老　安上がりでしょう。エネルギーがかからないもんね。東京には六本木ヒルズとか、同じ敷地内にビルがいくつも建っている場所があるでしょう。そういうところは、ビルとビルの間にロープを張って、それを伝って移動すればいいんだよ。

隈　ハリウッド映画みたいですが、身体感覚としてはすごく新鮮ですね。考えたこともなかったな（笑）。

養老　東南アジアや中国、台湾の人たちはみんな高層の集合住宅が好きでしょう。そういうところでも、ロープを張って移動すればいいのに（笑）。

隈　日本はエレベーターのメンテナンス価格がものすごく高いんです。だから高層の集合住宅の場合、エレベーターはたったの1カ所で、その脇《わき》にダーッと長い廊下があって住戸が並ぶスタイルが、日本では基本になっちゃった。あれは、世界ではすごく異常な配置計画なんですよ。

養老　そういえば、香港《ホンコン》だと丸いビルが多いですね。

隈　そうなんです。台湾でも中国でも、高層マンションというのは1基のエレベーターの周りに住戸が並んでいます。日本みたいに1列で住戸が並んでいる長屋スタイルはすごく少ない。日本はエレベーター1基あたりに対応する戸数を多くすることで、1戸あたりのランニングコストを減らせるようにマンションのプランを作ります。

養老　アジアの他の都市の集合住宅の方が、環境がはるかにいいですね。

隈　エレベーターの周りに住戸が丸く張り付くスタイルだと、家の中から外の景色がパノラマ式によく見えますよ。でも日本の長屋方式だと、外の景色は開かれることなく、一方向しか間口がなくて、廊下側は格子《こうし》付きの刑務所スタイル。後は全部隣りの住戸の壁になってしまう。そういう方式の中で、日本ではエレベーター会社がメンテで儲《もう》けているんですね。

人間が家に適応すればいい

養老　しかし香港はすごいですね。高層ビルしかないですよね。

隈　彼らにとっては、あれがすでに自然環境なのかもしれません。

養老　だから人間には適応力があるんだよ。だいたい僕自身、家の設計なんかは一切やらなかったもの。家がこうあってほしい、ああなってほしいというのは全然なくて、四角になろうと三角になろうと、知ったこっちゃない。与えられたものをいじるだけだし、不便だとか文句も言いません。

隈　紺屋《こうや》の白袴《しろばかま》ではありませんが、僕も自宅には一切興味がなくて、ちょっと似ていますね。

養老　というのも、自分にはその方面の才能がまったくないと思うんですよ。大学にいたときもそうでした。実験室を設計したときだって、空間をあらかじめどう割り付けるかが、もう分からないんです。暗室がいる、水場がいる、顕微鏡を置くスペースがこれくらいいる、というのはなんとなく分かる。でも、それをどう組み立てて、どういう動線にしたら楽になるかというのは一切分からないし、面倒くさい。

隈 めちゃくちゃな動線でも、別に人間が適応すればいいだけです。

養老 そうそう、適応すればいいだけの話ですよ。建築家たちにとって僕のようなことを言う人間はタチが悪いでしょうけど。

隈 いや、僕たちにしても、適応力を磨くってすごく大事なことです。建築の本質って、案外そういうことですよね。建築家も適応力をうまく磨いていくと、実は設計もうまくなっていくはずです。適応の仕方をいろいろ自分の中で検証していくうちに、適応することの「深さ」が見えてきます。同じ適応でも、これはなぜつらいか、これはどうして嫌なのかが分かる。その「嫌」という感覚にもいろいろあって、一つひとつ確かめていくと、どうしても嫌なものと、少しだけ嫌なものが分かってくる。そういう作業から、人間にとって本当に快適な建築、作るべき建築が分かってくる。だから、適応の訓練をすることはとても大事なんですよ。

養老 近代的な建築物って、形はとてもきれいなのに、すごく嫌な動線だな、というパターンもありますね。建築が人間の行動を制約するというか。

隈 それは本当にいろいろなパターンがあります。僕にしても、作っているときは思い付かなかったけど、完成したら、ここってめちゃくちゃ気持ちいい動線じゃないか、と発見したりすることはしょっちゅうあります。でも、実はそのパターンに法則はないんですよ。それぞれの状況に適応していく自分自身をスタディしながら、だんだん設計がうまくなっていく、という感じですかね。

養老　中国やインドなど、施工力《せこうりょく》のまだ低い国で設計するときは、その低さもあらかじめ設計に組み入れる、と隈さんはおっしゃっていましたね。

隈　若いときの設計って、サドンデスで失敗するんですよ。頭の中ですごく詰めていって、理想の空間を思い描いて現場に臨むんだけど、施工の途中で、あ、やっぱりこんな施工レベルではダメだった、とそれこそ突然気付く（笑）。そうすると、もう取り返しがつかないんです。まさにサドンデス。しかも「直せ」と怒鳴ったって、「お前こそ出ていけ」と放り出されるのが関の山です。

養老　若いときは、そういうことが多いでしょうね。

隈　例えば鉄板とガラスの組み合わせでデザインして、頭の中ではすごく完璧《かんぺき》な状態ができ上がっても、実際にやってみたら、現実の施工レベルではどうしてもうまくいかない、ということが現場段階で初めて分かるんです。分かった時点ではもう取り返しがつかないし、それまでの努力がすべて無駄になり、すべてが破綻します。

でも、経験を積んでくると、サドンデスにはなりません。こういう展開になったら、あそこで別の形に戻れば何とかなるとか、ダメならダメで次の策を打てるようにしておくとか、フィードバック回路をいっぱい自分の中で作りながら設計していけるようになるんです。

養老　それはもう、人生そのものですね。

隈　はい。とにかく何とか最後まで「デス」しないで、「だましだまし」生き延びる道を探っていけるようになるわけです。それは適応力を磨くことに他ならない。

養老　医療の世界だって、本来はそうであるべきなんです。医者だって「だましだまし」やるということが大事なのに、今はしない。過剰に完璧主義になって、適応という対応策を忘れています。がんの手術が典型ですよ。あれ、全部取ってしまうんだから。で、たいてい患者は取られ過ぎて死ぬんです。僕は8時間手伝ったことがありますけれど、死んだよ。

隈　建築も、それにすごく似た感じがします。若いときはやっぱり、病巣《びょうそう》を全部取り切ろうとしてしまう。それで取り切ったときに、サドンデスがやってくるんです。取り切れないって気付いたときは手遅れ。そんな失敗を何度も経験して、完璧主義ではうまくいかない、と僕も分かりました。

養老　完璧を求めないというのは、実はサイエンティフィックな態度なんですよ。

隈　解剖と通じるところがありますか。

養老　僕は患者さんのサドンデスが嫌だから、解剖をやっていたんですよね。解剖って自分が主導するんじゃなくて、相手に合わせてやっていくものだから。

隈　まさしく相手に適応していくことですね。

養老　例えば死体から神経を出そうとするときにどうするかというと、みなさんはメスで切るって思うでしょう？　そうじゃないんですよ。メスで切ったら肝心な神経が切れちゃう。神経を出したかったら、まずピンセットを入れる。すると自然に柔らかいところに入っていって、後は自分の力で加減しながら進めていけるんです。どういうふうにやれば壊れないか、あるいは壊れるか。そんな道筋が自然に見えてくるんですよ。

隈　何だか芸術的ですね。

養老　宮大工とか彫刻の世界と似ていますね。木から仏様を彫りだすような気持ちになる。

隈　熟練の仏師や宮大工は、木を見た瞬間に、どこをどうやって使えばいいかが分かる、と言いますね。

養老　そうそう。板だって昔は割り板を使っていたでしょう。割り板が一番正しいわけね。木の弱いところに沿って割れているものだから、面が自然にできている。例えば木が曲がって割れるのは、そのように木目が走っているからだよ。それが今ではさ、何でもかんでもノコギリでまっすぐ切っちゃうんだもの。

隈　確かに割り板で作った方が腐りません。ノコギリで切った板は、やっぱり不自然ですから、雨に当たったりすると、そこから腐っていくんです。寺社など日本の古い建築物では、数百年前の板が普通に使われていたりします。鉄やコンクリートなんかよりもはるかに持つわけです。

養老　解剖学というのは自然そのものを相手にしているんですね。僕は死体を解剖しながら、いろいろな職業の下勉強を、ちゃんとさせてもらったわけです。

「リスクなんて読めないです」が本音

養老　人間には適応力があると思っているから、東京の高層化についても、実は全然心配なんかしていないんだよね。勝手にすればいいと思っています。ただ、じゃあ、エネルギーが切れたらどうするんだよ、という心配はしている。

隈　そこが一番、肝心なところです。

養老　売る側がいくら「リスク対応をしています」と言ったって、例えば地震が起こったら停電するでしょう。その場合、停電がいつまで続くかとか、そんなことまでは読めないですよね。

隈　超高層ビルの超高層階には、人間だったら誰もが本能的、心理的に違和感を持ちます。それに対してリスク計算で対応できるかと言われれば、できないわけです。

養老　やっぱり。僕は地震難民を心配しています。２００４年の新潟県中越地震では山古志村《やまこしむら》で難民が出たと言っているけど、東京都で難民が出たらどうなるのだろうか。人数だけでも１００万人単位になるでしょう。そういうことは都市計画の中で、もちろん議論されていると思いますけど。

隈　と思いきや、対応策としては、避難場所になる公園を作るぐらいです。逆に、ビル単位の故障に対応するということは絶対にできないんです。だってインフラが止まっちゃったら、何をやるにしても、全然ダメですもの。

養老　だから東京で地震が起こったら、少なくとも数カ月は暮らせないと思っておいた方がいいんじゃないか。災害対策というのは、そのときのことばかり取り上げられがちですが、実は後の方が大変なんですよ。東日本大震災の予後はいまだに現在進行中ですが、２００８年の岩手・宮城内陸地震でも、避難所でエコノミー症候群が出たと聞きました。都市開発をするとき、関係者がそこまでいろいろ考えているかといったら、日本の場合は、ほぼ何も考えてないんじゃないかな。

隈　それはマスメディアも含めてそうですね。

養老　その点で、日本人の現実への対応意識は本当にズレていますね。以前にBBCニュースを見ていたら、英国は当分の間「スタグフレーション」が続く、と英国政府がはっきり言っているんですね。おそらくオイルがピークアウトするから、不況になる。そして同時に物価も上がる。そんなスタグフレーションが当分は続きますよ、とテレビで言っているのを聞いて、大人の国だな、と思いましたね。

隈　日本でそれをやったら、まずマスメディアが大騒ぎですね。

養老　世界的にスタグフレーションが避けられないときに、日本政府は何て言っていたと思う？　地球温暖化対策（笑）。しかも、それを東京電力なんかが原発推進の根拠にしていたでしょう。もう、アホかと思いますね。これ、マスメディアも含めて、日本は完全に愚民政策ですよ。そういう愚民政策をやっているところで、本当の都市計画が成り立つか、ということですよね。

隈　愚民的民主主義は街を一番悪くします。そういう中では、建築家が街にタッチできません。それはお医者さんが患者さんに触れられないことと同じで、致命的です。

だって街というのは一番大きな患者さんみたいなものですから。

養老　エネルギー問題をきちんと考えてみれば、都市の作り方も当然変わってきますよね。

隈　もう、まったく変わってきます。都市の作り方は、昔からみんな同じようなものだと思われがちですが、実は現在、僕たちが知っている都市というのは、それこそアメリカが20世紀の最初に自動車と一体となって作ったものですから、歴史的には実に短期的なもので、まだ検証が十分にされていない不完全な発明品なんです。

養老　そうですね。石油エネルギーを背景にした、たかだかこの1世紀ぐらいのものです。

隈　都市の背景となるエネルギーが変われば、都市もまったく違ったものになっていきます。それは、実は一番面白い展開です。

養老　それは僕もまったく同意見です。これからが面白いですよ、世界は。僕から見ればラオスとかブータンとかは世界最先進国だね（笑）。石油を一切使ってない、もしくは最底辺と言われる自給自足の国が先頭になる。だいたい、あの国々を最貧国という感覚が僕には分からない。ラオスはいいよ。人口を考えるとよく分かります。タイもベトナムも1億人近くいるけれど、ラオスは６００万人だからね。

隈 国土のサイズはあまり変わらないのに、人口が10分の1以下なんですね。

養老 そうそう。ラオスに行って驚いたのは、山の上に登ると、関東平野ぐらいのかなり広い範囲が見渡せるんだけど、その土地には人工物が一つも見えない。建築家はそういうところをどう思うか知らないけど、僕ら虫取りにとっては理想郷ですよ。地面しか見えないんだからね。

隈 それは僕にとっても理想郷です。何しろ僕はひねくれた建築家ですから（笑）。

養老 最貧地域と言われているようなアジアの奥地って、すごく面白いですよ。それぞれ風俗や習慣が違うし。

隈 アジアの原風景のようなものが見られますか。

養老 ラオスでは米作りが風景を作っているところもあります。山中のいたるところに湿地があって、谷の奥なんかでも一部を田んぼにしているんです。9月に訪れたときは、ちょうど稲の刈り入れどきで、「1年に何回、米を作っているんですか」って土地の人に聞いたら、「こんなしんどいことは年に一度でたくさんだ」と怒られちゃって（笑）。

隈 米を年に1回しか作らないで済んでいるんですね。

養老 だから、世界の飢餓を論じる本を読んでも、実際とはずいぶん乖離《かいり》しているなと思いますよね。そういう本ではアジアの最貧国としてラオスが取り上げられていますけど、年に１回の米作りで人々が暮らしているんですから、どこが最貧国なんですか。論じる人の常識が、断然、都会の常識に過ぎないということですね。それは世界銀行の常識かもしれませんが、それで世界を測られたらたまらないですよ。

「最貧国」が世界の最先端になる

隈　ラオスやブータンは、石油が高騰《こうとう》しても、何のダメージもないんですね。

養老　ラオスは明らかに、まったくダメージを受けない国の一つです。しかも完全に持続可能な生活をしています。僕がいた村は、鎌倉市内で言えば滑川《なめりがわ》程度の川が村の真ん中にあって、そこに小さな発電機を付けているの。それで20ワットぐらいの電灯で暮らしているんです。ちょうど戦後の俺たちみたいなものですよ。あれなら石油がピークアウトしようが、ゼロになろうが一切平気だよ。自転車をこいでも発電できるから。

隈　でも、ほとんどの日本人にとって、電気が思う存分使えないとか、ガソリンがなくて車に乗れないとかいう状況は、想像したくないことでしょう。

養老 そう、想像したくない、というのが本音です。それは政府も同じなんじゃないだろうか。だから「これから世界はスタグフレーションの時代に突入します」ということは、僕も言いたくないいんだけど。だってカッサンドラーの予言（ギリシャ神話の不吉な予言）だからさ。建築だって影響は相当大きいですよね。

隈 そもそも日本の建設業は、今までの形ではもう成立しないと僕は思っていますから。

養老 猛烈な勢いで淘汰《とうた》が起こることになりますか。

隈 学生には、中国とかインドネシアとかに飛び出して仕事をしろよ、と言っています。建設業界、建築デザイナー双方にとっても、途上国にしか可能性はない。

養老 歯科医学会でも、10年ぐらい前から、日本は歯医者を中国に輸出すると言っていますよ。歯医者も過当競争で大変ですから。

隈 石油がピークアウトすれば、住み方、食べ方など、いろいろなことが否応《いやおう》なしに変わるんだろうなと思いますね。

養老 変わるよ。でも、政府がやっていた省エネのキャンペーンなんか、意味がないと思いましたね。ああいうキャンペーンに国は費用を投じていたけれど、ガソリンが上がったら、みんながあっという間に省エネに転換したじゃないですか。そりゃそうですよ。灯を煌々《こうこう》とさせながらのイカ釣り漁はできなくなるし、マグロは価格が20％も上がる。資源保護だなんて声高に言わなくても、燃料費を上げたら即、社会が変わります。

隈　その意味で、われわれは本当に石油文明に生きているんですね。

養老　隈さんは車に乗れなくなったり、ビルを建てられなくなったりする時代に、個人的に耐えられますか。

隈　全然、大丈夫です。僕はエコ型、平気です。

養老　建築の世界では、今、半端《はんぱ》仕事だと言われているものが、儲かるようになると思うな。とにかくみんな、家は「だましだまし」使っていかなきゃいけなくなるから、あちこち改修する必要が出てきますよ。でも、今、半端仕事をこなせる大工は少なくなっているでしょう。だって、プレハブで家をポンと建てることが仕事だと思っているから。でも冗談じゃない。元のやり方に戻っていきますよ。そうなると、プレハブってえらく不便じゃないのかね、手入れがしにくくて。

隈　プレハブはもう大変です。だって100年工法とか200年工法とか言われていても、その価値は100年なんか持たないもので、朽ち果てるだけですから（笑）。100年後には誰も住みたくないデザインのくせに、材料だけは200年持つということは、解体にお金がかかるだけ。手に負えません。第一、100年って、言った当人も、買った当人も、誰も生きていないですよ。

養老　2050年に炭酸ガスを60％削減します、っていうのと同じだよな（笑）。あれ、福田康夫《ふくだやすお》（第91代内閣総理大臣）が言っていたとき、そんな時代に生きているわけないよと思って、笑いながら聞いていたもの。

隈　生きているどころか、そう言ったすぐ後に当の本人がさっさと総理大臣を辞めちゃいましたね。

養老　藤森照信さんに聞いたんだけど、プレハブ住宅って40％が宣伝費なんだってね。それって、ダイコンを1本100円で買うと、生産者に渡るお金が10円で、90円は全部中間に回るというのと同じような話ですよ。それが現代社会というものです。こういう状況を可能にしているのが、安い原油だと僕は思っています。建築業界は典型だと思いますが、とにかく運ばなきゃ成立しない商売は、流通コストが高くつく時代が来たときに、一体どうなるんでしょうね。

隈　建築業界は、実は流通ビジネスそのものになってしまっているから、それはエライことになりますよ。

養老　流通業は、コンビニも、宅配便も、日本ではオイルショックを脱した後にできた商売なんです。次にオイルショックのような国際的な経済危機が訪れたら、それらがどうなるか分からないですね。それ以前に、東日本大震災でみんな肌身に染《し》みたけど、流通依存というのは現代社会のもろさそのものですよ。流通ってそれほど難しい問題だもの。第2章でも言った中国の米の配分問題について考えるだけでも、その難しさが分かりますよね。

僕たちがいるようなこんな都市は、石油が切れてきたら維持できません。まず真っ先に物流問題が起きるもの。

隈　ビルの中そのものが電気仕掛けですしね。

アメリカの奴隷《どれい》でない都市づくり

養老　地震という自然要因だけで大変なのに、エネルギー問題をどうするかについてまで考えると、頭が痛くなります。都市に人口が集中した方がコストの面ではメリットがあるけれど、そうすればいいとは簡単には言い切れないですよね。インフラだけに限って言えば、集中すればコストは安くなりますが、都市のあり方としてそれが本当に望ましいのか。だから最終的には、人の生きる世界が二極分化していく可能性があるなと思っています。田舎で自給自足し、地産地消型で生きていく世界と、都市でできるだけ物流を効率化して生きていく世界の二つです。

隈　それは昭和初期の東京と地方のあり方とは違うんですか。

養老　時代云々《うんぬん》にかかわらず、いつでも人間の社会は基本的にそうです。ただ、それがさらに極端に分化するしかないだろうと思います。だから、その両極端がケンカするとまずいんだよね。都会が田舎を支配したり、田舎が都会を支配したりする格好になると、具合が悪いことが必ず起こります。だから僕は、両方を行ったり来たりして暮らす「参勤交代」を今から勧めているんですよ。都会と田舎の二つの世界をバランスさせることが、おそらく一番効率がいい。これが結論になるんじゃないかな。

隈　そのバランスの支点をどこに置くかが、肝心なところですね。

養老　今の人に考えさせると、俺はこっちの側にする、とすぐ結論を言ってしまいます。でも、両方を適当に行ったり来たりでいいんじゃないですか。都会に住んでいる人でも、1年のうちに、あるまとまった時間を田舎で過ごす、とか。日本なんか小さい国だから、そういう実験には非常に向いているはずなんです。なのに、日本が地球温暖化対策のリーダーシップを取るとか、政府はバカなことを言っていてさ。第一、リーダーシップって言葉自体がおかしいよ。モデル国家になるというならまだ分かる気がするけれども。人が真似《まね》しようが、真似しまいが、そんなのはよそのみなさんの勝手でしょう。炭酸ガスを減らしましょう、なんて日本が音頭《おんど》を取る必要はないですよ。だって日本が出しているんじゃないんだから。どうしてそんな当たり前のことを、この国では言えないのかね。

隈　そもそも炭酸ガスは隣の国が出しています。

養老　それを何でこっちが責任を取るのか。これから日本には、本当に合理的な社会が必要になるのだけれど、ちっともそれが発達しない。インド洋の給油にしても、「給油は国際貢献です。世界に感謝されています」と防衛省の偉い人やOBや政府が言っている。彼らは矛盾を感じないのかね。だって石油をタダで配ったら、配られた相手は「ありがとう」って言うに決まっているじゃないか。怒るやつなんていませんよ。でも、石油を配ったら炭酸ガスが増えるでしょう。だったら、炭酸ガスを増やすことが世界に感謝されることもあるということですか？　僕がへそ曲がりなんだと思わないでくださいよ（笑）。

隈　いや、そうは思いませんけど……（笑）。

養老　炭酸ガスを減らせと言っている一方で、石油を配るのは国際貢献。どっちが本当なんだ。俺が子供ならそういう質問をする。大人だから聞かないけど（笑）。

隈　十分おっしゃっていますよね。

養老　ばれたか（笑）。そういうばかげたことが当たり前みたいにまかり通っている状況が、多少とも直っていけばいいんです。

隈　僕は、日本の地方の商店街で空洞化していると言われているところが、再び脚光を浴びる時代が来るかもしれない、と少し期待しています。

養老　そうですよ。自給自足や地産地消ができるところは、次の時代の先頭に立ちます。日本は川が流れているでしょう。小さな発電機を付ければ、てめえのうちの電気ぐらいは点《つ》くんです。停電したって、僕なんかはえらく楽しいと思うけどね。夜が暗くなると虫が増えるんですよ（笑）。そういった状況になったときに、隈さんがどういう都市建築を作るかというのは興味深いですね。今までだと、「俺の言う通りにしろ」みたいに施主に言われて、つまらないことをやらされるわけでしょう（笑）。

隈　「日本の都市」といっても、結局は都市計画までもがアメリカの奴隷になって、アメリカ流のことをやらされていた。ですから、そうでない都市の可能性というのは、空想するだけでも心惹《こころひ》かれるものがあります。建築の法律も、今のものはアメリカ流の都市を誘導するようにできています。そこを変えてくことから始めれば、決して単なる空想ドラマではないですよ。

養老 そういえば、ロスチャイルド家のばあさんが日本に来たときに、茅葺《かやぶ》きの屋根が好きだという話になってね。「茅葺き屋根は大好きなんだけど、あれはお金が掛かってしょうがないわね」と言うから、僕はちょっと不思議に思ったわけ。だって、いくらコストがかかるといっても、ロスチャイルドだったら、そんなの安いものでしょう。そうしたら、「いや、私は茅葺き屋根の家を40軒持っているから」という話で(笑)。彼女の言うイギリスの村に行って、僕は初めて分かりました。村全体が茅葺き屋根なんですよ。つまり、ロスチャイルドは村一つを維持しているの。そのぐらいのことを、日本でも誰か個人がやらないかな。

隈 同感です。

養老 過疎地《かそち》に行ったら十分できますよ。それこそ、伊勢神宮《いせじんぐう》みたいに20年ごとに作り直すとか。

隈 茅葺きの集落で言えば、僕は新潟県の高柳《たかやなぎ》の環状集落プロジェクトで、茅葺きの建物を手掛けたことがあります。まさしく環境込みの設計という感じで、面白いプロジェクトでした。でも、地方にしたって、自分たちの足元の価値、もしくは建築や景観の価値を正確に分かっているかというと、そうではない人の方が多い。世界中で茅葺きにどんな価値があるのかを客観的に分かっている人は、とても少ないんです。建物一つについて議論することはできるかもしれないけれど、環境の全体像をデザインできる人は、都市でも地方でも、まだまだ少ない。その中で震災復興に従来型の一律のアメリカ的都市像をあてはめていくのは、危険性を感じます。養老先生の言われるような、一見、突拍子もないアイディアで、もっと遊んでいいと思うんですけどね。そういうユーモアとゆとりが日本には決定的に欠けています。

第5章　経済観念という合理性

バーチャルな都市の異常な増殖

養老　東京の青山にある隈さんの事務所からは、東京の景色がよく見渡せますね。

隈　大家さんが隣にある梅窓院《ばいそういん》というお寺なんです。そこに広い墓地があることも幸いして、見晴らしがいいんです。

養老　隣が寺というのは、鎌倉の僕の家とも同じですね。しかし、隈さんの事務所から見える景色は、この10年ですごく変わったでしょう。21世紀の社会はいよいよ不況なのに、東京はこんなに激しく変わってしまった。戦後を通して最も変化が激しかったのではないでしょうか。

隈　この10年で東京の街並みは、物量的にものすごく変わりました。ただ青山など、いわゆる都心部の界隈《かいわい》においては、都市を変えたとか、新たに作ったという意識は、僕の中にはないんです。そこが逆に東京の怖いところですね。北京《ペキン》だとオリンピックを境に、目に見えて都市が変化しましたし、変わったことが誰にでも分かる。でも東京は、バブルが弾《はじ》けた後、景気がいいのか悪いのかよく分からないような状況の中で、無自覚のうちに、超高層ビルがボンボン建っちゃった。それはあらためて考えてみると、気持ち悪いです。

養老　超高層ビルのラッシュなんて異常ですよ。

隈　昔は、例えば王様が城を建てるにしても、それぞれちゃんと傷を負いながら建てていました。リアルな世界の中で、建築のような巨大な何かを実現させるのは、その過程でいろいろな傷を負うわけです。ところが今の東京の光景は、誰もが無傷なままに、ＣＧ画面のバーチャルな映像がそのままコンクリートと鉄とガラスに置き換えられたように出現している。その無傷さが僕には気持ち悪い。

養老　文科系と理科系というふうに学問を分断する弊害が大きいと僕は思うんですよ。第２章でも言いましたが、デイヴィッド・ストローンの『地球最後のオイルショック』（新潮選書）を読んでびっくりしたのは、１９７３年の第一次オイルショックが来るまで、経済学者はエネルギー消費と経済成長の関係に気が付いてなかったということです。エネルギー消費と経済成長に関する理論式を作ってそれを研究したのは、ドイツの物理学者だったんです。

隈　つまり理系の人なんですね。

養老　はい。だから、文系と理系というように分断された状況の中で学問をやる日本の若い人は気の毒だと思ってね。これは悪口じゃないですよ。自然科学としての検証がなければ、いくら経済学をやったって、それはただの言葉遊びです。言葉を使えば、どんなテーマも無限に回転させていけるんだけど、結局、同じところをグルグル回っているだけ。前に進む解決は見えてこない。

隈　経済のグローバル化というのは、まさしく言葉遊びの果てではないか、という思いがあります。グローバル化によって金融資本と産業資本の境界がなくなり、金融資本という現実と切れたフィールドでの計算結果によって、建築という産業資本の世界が翻弄《ほんろう》される。その結果、世界中にバーチャルな眺めの、気味悪い都市が増殖しています。

養老　街歩きの楽しさって、ごちゃごちゃとした路地にちょっと入ってみたり、用事をすませた店の隣りをついでに見たり、といったことでしょう。でも、今の東京のビル街って、そういう気持ちがまったく湧《わ》いてこない。東京駅の新しい地下街なんて、入りたくもないもんね。全部店なんだけど、商店街という感じからかけ離れている。何かツルンツルンで、極めて無機的な眺めなんだよ。

ボスが引いたつまらない線の重み

養老　ロシア社会論の袴田茂樹《はかまだしげき》さんが面白いことを言っていました。ロシアのサンクトペテルブルクに皇帝が作った真《ま》っ直《す》ぐな道があるんだけど、それが1カ所だけ曲がっているんだそうです。それは、皇帝がこういうふうに道を作れ、と線を引いたときに、手が弓か何かに当たって曲がってしまい、その通りになったんだそうです（笑）。隈さんもそんなことはありますか。

隈　いかにもロシア的なジョークですね。ロシア皇帝と同じ状況で建築を作ることはありませんが、僕は設計のときになるべく自分でスケッチをしないようにしているんです。

養老　ほう、それはどうして？

隈　線ってすごく重みがあるので、それが怖いんです。僕が何かつまらない理由で引いた線も、スタッフの立場になると、ボスが引いた線だからそれを尊重しないとダメじゃないですか。線を引くときなんて、今の弓の話じゃないけど、実はつまらない理由で曲がったりすることはいっぱいあるんです。

養老 やっぱり（笑）。

隈 5〜6人でしゃべりながらイメージを共有していくのが、僕にとっては一番いい。「だからこんな感じでさ」と僕が口で言って、それをスタッフが線にしたものを見て、「あ、これだよ、これ」とか、「ここ、もうちょっと」とか、会話をゆるやかに重ねていくのが僕のやり方なんです。

養老 そうはいっても線を引かないと図面はできないでしょう。

隈 いつかは線を引きます。でも自分でいきなり線を書くと、それこそ皇帝の指示ではありませんが、絶対になっちゃいますから。

養老 隈さんのやり方は、他の建築家にも共通するんですか。

隈 いえ、スタッフにすごく立派な紙と筆記用具を持ってこさせて、「こうしろ！」と指示する〝神様スタイル〟で通す人もいます。

養老 それだと現場は硬直化するだろうね。

隈 相手に有無を言わさず、指示だけ出して消えちゃう、みたいな類《たぐい》の逸話や伝説がある巨匠は多いんです。本人はめったに現場には行かなくて、行くときはスタッフと作業員全員を整列させて、お迎えしないと機嫌が悪くなっちゃう人もいました。ある巨匠の事務所は、クライアントへのプレゼンじゃない単なる社内プレゼンのために、スタッフが膨大な手間と時間をかけるので有名でした。クライアントに見せる前に、まずその先生からご許可をもらえないと話が進まないんです。僕はそういうことはバカバカしいし、嫌だな、と思います。お医者さんの世界にもありがちではないですか。

養老　僕はそういうのはそもそも大嫌いだから。僕が選択した基礎医学、しかも解剖学なんてのは、そういうのに何の関係もなかった。ただ僕の先生は、『白い巨塔』なんて、あんなものはウソだ」とか言っていたんだけど、医学部長になってしばらくしたら、「やっぱり本当だったよ、あれ」って言ってたね（笑）。

隈　まあ、建築界の伝説の巨匠にしても、何十億、何百億円というお金が動く世界で、とても大きな決断を必要としますから、何かしら権威付ける必要性はあったのかもしれません。人って、あんまりカジュアルな人間にカジュアルに命令されても、従う気にならないでしょう。アイディアを出すときは違いますが、クライアントに対して「この案は雑談でできました」みたいなことを言っても、なかなか受け入れてはもらえないですから。

養老　それは金が取りにくいよね。医学界でそれに近いのは、冗談を言いながら手術していると患者が怒るということかな。患者さんにとってはイヤかもしれないけれど、手術ってひどく緊張するから、それをほぐす意味で、冗談が言えるくらいの状況でやった方がいいんだよ。

隈 いいことを聞きました。

養老 それを日本人は真面目《まじめ》だから、肩がカチンカチンで、眉毛《まゆげ》をツーンと立ててやるのが正しいと思い込んでいる。まったくの間違いで、そんなことをしたら、逆に危ないんですよ。

上手に負けるといいものができる

隈 建築のクライアントも、言ってみれば患者さんと同じで、ヒエラルキーを望む人と、フラットな関係を望む人とがいて、相手によってコミュニケーションの仕方が変わってきますね。例えば公共の建物でも、町長さんのようなクライアントの中心的な存在になる人がいますよね。設計というのは、その人と僕との共同作業になりますから、相手がある種のシンボリズムを欲しい人だったら、僕がいくら「負ける建築」と言って周囲に溶けてしまうような建築を作ろうとしたって、通用しません。そのときは、負けながらある種のシンボリズムを作っていくような複雑なやり方をするわけです。

養老　隈さんの『負ける建築』には、そういうひねりが随所にあって、面白かった。

隈　要は上手に負けていかないと、最終的にいいものはできない、ということなんです。相手という人間を知って、相手に合ったやり方をするということが、僕の仕事でも一番大事なんだと思います。単なる建築の技術ではなくて、人間観察眼みたいなものが相当必要な職業です。

養老　その話を聞いて感激します。根本的にはどの仕事も一緒ですね。

隈　解剖という、死体相手の仕事でもそうなのですか。

養老　本当にそうですよ。だってね、死体といったっていろいろですよ。じいさんもばあさんも若い人も全部いるわけでしょう。それとしばらく付き合うわけですよ。しかも肉体的な接触でしょう。相手がどういう人かって、絶えず頭にあるんです。

隈　亡《な》くなった人が相手でも、そう感じるんですね。

養老　そりゃあそうですよ。僕にとっては毎日お目にかかっているわけで、その意味では生きている人ですから。

隈　その方の生前の来歴なんかはご存じないわけですよね。

養老　一切知りません。しかも相手は一切文句を言わない。僕の言うがまま、やるがまま。非常に特殊な体験なんですよ。これは、他の人には絶対に分かってもらえない感覚だと思いますね。例えば手を解剖するって嫌なんですよ。

隈 手ですか。

養老 目も嫌だけど、手の解剖が一番嫌なの。僕らは素手でやるから、作業としては、死体の手をまず自分の手で触るわけです。それってものすごく特殊だなと思いますね。だって相手が男だったらまずしないよ、そんなこと。女性にだって、普通はしないけどね。まあ、男でも女でも、俺が手を握ったら逃げるわね、生きていれば。そんな感覚をそのまま残しながら、解剖をするんです。

隈 つまり身体《からだ》の中で、手という部分にすごく意味があるということなんですね。

養老 そうです。だからいつも手の解剖をする場合は、時を選んでね、そこで気合を入れ直すんです。でも、自分がある年齢になって、忙しい中で手の解剖をやっていたときに、ハッと気が付きまして。普通の感覚で相手の手を持っていたんですね。それまでずっと持っていた違和感が、いつの間にか消えていた。

隈 慣れたということでしょうか。

養老 そう。だから僕、そこで解剖をやめたんです。相手が自分と同じになっちゃったということは、客観性がなくなってしまったということだから。それから虫の研究をやっているんだけど、虫の方がはるかに違和感があるものね（笑）。

隈　実は僕、手にすごい手術跡があるんです。

養老　ケガですか？

隈　はい。ガラスのテーブルに右手を置いたら、割れてしまって。そのときガラスで手首の内側をスパーッと切って、筋も神経も、動脈以外はみんな切れちゃった。救急病院にかつぎこまれたんですが、1回目の手術で筋を違うふうにくっつけられて、動かなくなってしまった。それでは具合が悪かったので、別の先生のところに行ったら、「これは人差し指と中指の腱《けん》をつなぎ間違えているよ」ということで、もう1回手術をして、つなぎ直してもらったんです。それでもリハビリをサボったので、あんまりよくならなかったんですが。

養老　それは大変でしたね。

隈　そのときにちょっと、人間の身体に対する意識が変わりました。身体ってこんなにもろいのか、というか、すごく微妙なバランスの上に成立しているんだな、と。僕は今でも右手の指先の感覚があんまりないんです。右利《みぎき》きなんですけど、スケッチをしなくなったというのはケガのせいでもあるんです。以前はスケッチは結構得意だったんですが、それがダメになってからは、だったら右手が不如意《ふにょい》だということをうまく利用しようと思いました。

養老　そのケガは過労だね。だいたいそんなケガをすること自体が、通常とは違う状態ですよ。注意ができていない、要するに半分ヤケだったということです。

隈　まさにその通りでした。そのときはちょうど講演会の準備をしていて、スライドがうまく集まらなくてイライラしていたんです。向こう側の箱のスライドを取ろうと思って、ガラスに手を突いたんですが、確かにヤケに近い状態で、思い切り体重をかけてしまいました。普段はもう少し気を付けながら体を動かしますが、そのときは、ガーンとガラスの真ん中に手を置いて体重をかけたら、その瞬間、スパーンといっちゃいまして。

養老　プロダクト・ライアビリティー（PL）法はあった時代ですか。

隈　それ、自分がデザインしたテーブルでしたからね（笑）。自分でテーブルの足を作って、そこにガラス板を置いただけですから、自業自得《じごうじとく》です。

養老　いやはや。

隈　都市建築を設計するには、自分が経験した苦痛も含めて、身体感覚が絶対的に大事なんだと思います。例えば超高層ビルでも、足元はすごく重要ですよ。もともと日本人って、足元の感覚がものすごく研ぎ澄まされている民族です。それこそ1ミリの段差も察知するような感覚がある。だから畳の敷き方なんかも洗練されていたわけです。建築で日本家屋を作るときは、ほとんど畳の敷き方を考えるために平面図を作成していているようなものです。畳をどう敷くかが決められれば、平面も自動的に決まるし、柱の立て方も同じく決まります。西洋的な建築とまったく違うんです。

養老　なるほどねえ。

隈　日本の畳というシステムは、建築の教育を受けていなくても、家づくりにそんなに慣れていなくても、いい平面の計画を作れる便利な道具になっています。畳がうまく敷けるように考えれば、建物に必要な秩序が自動的に生まれる。そんな優れた仕組みなんです。だからこそ、余計に足元から考えたいと思います。

人間の頭がコンピューターを真似《まね》してしまう

養老　現在の建築や、車など工業製品の現場では、CADやCGなどでコンピューターの役割がどんどん増えているでしょう。それが与える影響というのはどれくらいありますか。

隈　影響はすごくあります。最大の問題は、建築をデザインするときに、CADの手順を頭が踏襲してしまうという点ですね。それにはとても危機感を覚えます。僕たちが教育を受けた建築デザインの基本は何かというと、モデリングに尽きるわけです。つまり3次元の立体模型を作って、それにテクスチャーを張っていく方法です。ここがややこしいところなんですが、ＣＡＤも基本的にそういうモデリングという方法を踏襲していて、しかもさらに強化する方向に行っているんですね。だから危険なんです。

養老　人間がコンピューターに引っ張られちゃうんでしょう。

隈　その通りなんです。設計をする人間の頭が、ＣＡＤを真似してしまうんです。手を使って作る立体模型のモデリングは、すごくプリミティブで幼稚な方法なのですが、ＣＡＤになると手ではなく頭の方が先になって、コンピューターの考え方を真似しようとするんです。

養老　それはパワーポイントを使ったプレゼンテーションが、事業の効率や戦略を間違わせるという話に似ていますね。パワーポイントを使うと、それに沿ってものを考えるクセが付いてしまうので、どの会社も戦略がみな似通ってしまうと聞きました。

隈　実はコンクリートの建物の作り方って、まさしくそれなんです。コンクリート建築とは何かを端的に言うと、それは「モデリング」と「テクスチャー・マッピング」なんです。とにかくモデリングするみたいにコンクリートで形を作って、後はテクスチャーとしてビニールクロスなり、薄い石なり木なりをその上にマッピング、すなわち張ればおしまい。CADでモデリングする際には、張るものの厚みが画面に反映されません。CADの絵の描き方って、形とテクスチャーを定義するだけ。そのやり方に一番向いていたのが実はコンクリート建築で、いよいよそれ以外の建築ができづらくなっちゃう。

養老　隈さんのようにCADの危険性に自覚的な建築家もいれば、そうでない建築家もいるでしょうね。

隈　はい。例えばこれが木造建築となると、CADとは全然違うOSで動いているわけです。木造ってものすごく難しいから、その図面を引けとコンピューターに命令しても、簡単には引けません。僕自身も、最初に木造を設計しろと言われたとき、怖くて図面が引けませんでした。

養老　どこらへんが怖いんですか。

隈　木造ってフレームだけで、コンクリートみたいに簡単にヴォリュームにはなってくれないんです。そこら中に隙間《すきま》が空いているような、スケスケな感じがして、閉じたものが作れない気がするんです。その点コンクリートは、曲線を適当に描けば、後はその線の内側にコンクリートを流し込むだけなので、自動的に閉じたものが作れます。コンクリートなら機密性も水密性もあって、音も全部シャットアウトできますが、木造は全部スースーで、そこが怖い。

養老　耐震強度偽装の話が出たときに、木造の方は構造計算ができる人間が実はいないという話を僕も聞きました。

隈　そうなんです。ものすごく複雑な計算になります。それで計算はあきらめて、経験上では壊れないはずだよ、という、ある意味おおらかな世界です。

養老　「だましだまし」が洗練を極めたんだね。でも、このままいくと、木造を建てられる人がいなくなるんですってね。典型的にお寺がそうですよ。鎌倉の建長寺《けんちょうじ》だって、建造700年でコンクリートに変えられたんだよ。

隈　建長寺がコンクリートになっちゃったんですか！

養老　そうなんですよ、本堂が。なぜかと言うと、木造でやると建築基準法に反するんですって。

隈　何とかして伝統工法を受け継いでいかないと、木造という文化遺産が壊滅してしまいますね……。

養老　ロンドンのウェストミンスターホールの巨大なアーチだって、全部オーク、樫《かし》の木でできている木造建築なんだけど、あれも最新鋭の技術理論でもってしても、何で建っているのか分からないそうですよ。

隈　分からないというか、力の仕切り方が正確には分析できないのでしょうね。

養老　もっと言えば、人間の体というのがそもそも分からないものなんですよ。われわれが高い所からポーンと飛び降りたり、重いものを持ったりするときには、関節に力がかかるでしょう。瞬間的にかかる力ってものすごく大きいんですけれども、どうして耐えられるのかが分かってない。

隈　力学的な仕組みって意外に分かっていないんですね。

養老　なぜかと言うと、力学のような基本的な学問はオールドファッションだと思われているからですね。モダンな学問では、そんなことは問題にしないで、それこそ素粒子などを最先端として研究する。でも一番簡単な、ごく普通の力学的な構造って、案外解明されていないんだよね。

隈　飛行機がどうして飛ぶかも、解明されてないという話ですよね。経験的にしか分からない。

養老　生物の構造は建物とよく似ているんです。要するに、最小限の材料で、最大の強度を出す、ということ。骨なんかが最たるもので、実際に大腿骨《だいたいこつ》の「骨梁《こつりょう》」は、それこそ骨の中が橋梁のようになっているんですよ。ヒトの大腿骨の力学的な原理を発見したのは、スイスのマイヤーという橋梁設計をやっていた工学部の人です。彼が解剖の話を聞きに来たら、たまたま骨が半分に切ってある標本が置いてあった。その骨の梁《はり》の走り方を見て、「俺がやっている橋と同じじゃないか」って気付いたそうです。

隈　橋を作るときも、最小限の材料で最大の強度を出さないといけませんから。

養老　人間が頭でたどり着く解答が、あらかじめ体には入っているということですね。知らず知らずにそうなっていることはたくさんあるよ。隈さんが建築をデザインするとき、力学的な証明はないけれども、視覚的要素を研ぎ澄ましていくと、それが結局、力学的にも一番いいプロポーションだったということはありませんか。

隈　いろいろやっているうちに、そういう解に近づいているのかもしれないけれど、はっきりとは言えないですね。生物を真似しようと言っても、そんなに簡単にはいきません。黒川紀章さんは、生物が持つカーブのラインを真似したとか作品で言っておられますが、実はそれってすごく不合理で、コストアップになったりする。それよりも、予算が合わないとか、法規制の壁があるとか、現実的なことをいろいろ考えていくうちに、最適解に近づいていくやり方の方が、生物の実際に近い。それこそがオーガニックなプロセスなんです。

モデルルームのＣＧはインチキ

養老　隈さんの建築は、周囲の景色に溶け込んだものも多いのですが、それはどのように計算していくのですか。例えば「水／ガラス」（静岡県熱海市《あたみし》）のように、屋外のテラスに薄く張った水が、そのまま太平洋につながっていくような繊細な眺めは、どうやって現実のものにしていったのでしょうか。

隈　あれは実際に敷地に立ってみて、どうしたら水が海とつながるかだけを一所懸命に考えた結果です。建築は実際に自分の体で立って確かめてみないと、絶対に分かりません。それこそコンピューターは、ちょっとしかやってくれません。

養老　図面では確認ができないでしょうね。

隈　やっぱり原寸模型で確認しないとダメですね。僕の事務所のあちこちには、原寸確認に使った建築材の破片とか、ヘンなものが転がっています。

養老　生き物を考えるときも、まさしく原寸感覚が大事なんですよ。例えばゾウの心臓と、ネズミの心臓は違うふうに作られています。そのまま縮小したって機能しないんです。ただ人間って、一つのモデルを単純に拡大したり縮小したりしたがるんですよ。ネズミの心臓を大きくしていったら、体もゾウの大きさになっていくのではないか、とかね。でも、それはまったくの妄想です。冗談じゃないですよ。ネズミの心臓は小さいから持つわけで、でかくしたら自重でつぶれたりしますからね。

隈　確かに、建築も図面で検証できると思っている人も一方にはいます。設計って最初は、だいたい200分の1ぐらいで始めて、50分の1ぐらいの詳細を書くと、それは十分細かいところまで検討したという部類に入るんです。でも、そうは言ったってそれは50分の1にしか過ぎない。そこからリアルな実感は湧きあがってきません。だから僕の事務所では、ここはどうも分かりにくいなと思うところは、どんどん原寸で作って確認するんです。図面と現実は絶対的に違いますよ。

養老　論理でやると一番間違いやすいところですね。

隈　つまり重要なのはスケール感です。スケールが人間の身体に与えてくれる情報量というのは本当にすごい。

古代ギリシャ人はそれをよく分かっていました。ギリシャのパルテノンは、列柱の間隔や径が実は1本1本違うんです。等間隔に並んでいなくて、一番外側の二つの柱の間隔は、他の柱の間隔より少し狭く取ってあります。そうしないと広がって見えてしまうからです。さらに四隅の柱は少し太くなっていて、そうしないと空気に侵食されて周りより細く見えてしまうことを、彼らは知っていたわけです。古代ギリシャ人は、純粋さを理屈で追求する幾何学的精神と、理屈を超えた一種の泥臭い経験とのバランスが、すごくよく取れています。これが古代ローマになってくると、理屈が、つまり脳が先走って、その体感的なバランスが崩れてくる。

養老 建築家としては、ローマよりもギリシャの建築の方が美しいですか。

隈 はい。体感計算が行き届いて、めちゃめちゃ繊細な補整がしてありますからね。

養老 近ごろマンションのショールームでは、CGで建物の見本と、部屋からの眺めと、駅からの景観を見せられるとか。僕なんかは、本当かね、と疑っていますが。

隈 あれ、まったくインチキですよ。実際の体感と、コンピューターの映像は違いますから。それよりも、どんなに小さいものでも、ちゃんと模型を並べた方がよく分かる。窓からの眺めだって、3次元で再現している方が、まだ分かります。映像というのは、人間の実際の感覚とはまったく違うものだと思っておいた方がいいです。

養老 ある一つの角度で見ているだけですものね。映像は人間の目の構造をシミュレートしていませんよ。勝手に一視点を決めているだけ。2次元CGは、要するにテレビカメラの映像と同じでしょう。テレビカメラは枠があるけど、人間の目にはないですからね。しかも意識していないですけど、人間の目は絶えず動いているんですよ。

それは知っておくべきです。まあ、ＣＧ映像が実物のマンションからの眺めだと、みんな本気で思っているんでしょうかね。

隈　売るためのテクニックが異様に洗練されているのが日本ですから。特にマンションって、値段と記号が全部セットになっているマトリクスがあって、そこから住む人がポンポンポンと選ぶだけの仕組みでしょう。自分の経済力、家族構成、余命を入力するとマトリクスが点灯するだけのさみしい世界。

養老　僕なんかはとにかく土に触れたいと思うんだけどね。日本人全体が、身体感覚から何から、みんなおかしくなっていますよ、僕に言わせれば。

デザインセンスとは経済観念のことだ

養老　逆に、隈さんが思い描く、理想のマンション、理想の都市像というのはありますか。すべてを自分の自由にできるとしたら。

隈　僕はもう職業病で、経済観念が異常に研ぎ澄まされちゃっているから、うまく考えられない（笑）。あれをやったら１５００万円とか、これをやったら１億５０００万円っていう計算から逃れられないんです。ですから、「お金をいくら使ってもいいとたら」とか、「東京の王様だったら」という前提条件そのものが、僕にはもうリアリティに欠けてしまって、そういう空想に浸れないんですよ。

ただ経済観念ってすごく大事なもので、結局、デザインセンスというのは、経済観念そのものなんです。お金をいくら使うかという問題はすべてエネルギー消費とも関連していますし。

養老　この質問は森稔《もりみのる》さん（森ビル社長兼会長・２０１２年３月死去）みたいな人に聞いた方がよかったね（笑）。

隈　森稔さんが六本木ヒルズを実現できたということは、経済観念がすごくあるということです。彼はドリーマーであると同時に、ものすごく現実的な実務家です。ヒルズの超高層のデザインも、経済観念に貫かれているんですよ。実はあれ、シルバーの外壁はアルミじゃないんです。普通だったらアルミを使うんですが、ヒルズの建物では、工場で作ったコンクリートパネルにシルバーペイントを施したものなんですよ。

養老　そうなんですか。

隈　それをどういうふうにアルミに見せるかという点を徹底的に研究してコストダウンを図っています。そういうことの積み重ねがないと、大きな夢は実現しません。僕は以前、経済観念というのは単なる貧乏性の別名かなと思っていましたけれど、本質は合理性のことなんです。その合理性から、エネルギー問題とか地球環境問題とかを考えていくことが、実はものすごく重要なんだと考えが変わりました。

養老先生がおっしゃったように、経済とエネルギー消費は密接な関係があるのに、ある時期まで経済学者はそれを分かっていなかった。その事実を知った上でもう一度、都市や建築を考えると、それまで見えていなかったことが見えてきます。要するに貧乏性の観点から、経済政策も都市政策もすべてを考えてみたい。僕がもしも王様だったら、そこを見直しますね（笑）。

養老　なるほど。経済観念ね。東京の街並みの作られ方を考えたときに、今はどこら辺が高コストになっているんですか。

隈　文科系の理屈の中だけで、経済価値が決められているところです。例えば「エコロジカル」とか「ロハス」とか謳《うた》って、実はすごく資源を浪費していることが多い。時の流行《はや》り言葉を大義名分に使って、本当は不合理なことをしている例は、都市ではいっぱいあるわけですよ。それをちゃんと指摘してやっていくのが、僕らの仕事だと思うんですけどね。でも現実は、頭だけで考える文科系的な人たちの妄想を、建築家が「その通りです」と言って作っちゃうことが多いから困ります。そういう文科系的な人をおだてていると、お金が出てくるから、なお困る。

養老　エコロジーや、二酸化炭素の問題は、文科系の理屈にしか過ぎないよ。

隈　よく言われる「都市のにぎわい」も、実際にプランナーやコンサルタントが理屈で考えて、ものすごくお金をかけて不自然なことをやって、やっとこさ人が少しだけ集まるような感じです。お金をかけなくても生まれる「にぎわい」というものは、他にいろいろあるはずなのに、「にぎわい創造」というビジネスになった途端、僕ら建築屋の常識で言うと、とても不自然なお金の使われ方が平気でなされてしまう。

文科系でまちづくりを考えている人の頭の中を簡単に言いますと、経済観念やエネルギー観念がないということです。

養老　すごく脳ミソ的なんだよね。

隈　都市計画にかかわる人たちも、思考放棄しているというか、脳だけに支配されてしまっている。プランナーやコンサルにCGで、「こういうにぎわいになりますよ」とやられると、すぐに「よーし、これだ」となっちゃって。にぎわいも人間の生活も、脳の世界でしか考えられていない。

養老　同じく脳ミソ的な超高層ビルのラッシュは、どこかで止まるんですかね。

隈　東京は超高層開発でどんどん息苦しくなっています。第1章で僕は、建設業と政治家とコンサルがアミーゴになって開発は続くと言いました。が、一方でそれほど悲観的でもないんです。本当に息苦しくなれば、やっぱりそれを止《や》めたいと思って、今度は土に触りたくなる人が出てくるだろうと、楽観的に思っています。日本人が自然に対して持っている感覚は、まだまだ強いはずですから。

第6章　参勤交代のスヽメ

地上ではなく地下を見よう

養老　ここまで隈さんといろいろお話ししてきましたが、まず当面の問題として、東日本大震災の被災地で、どういう街を作ればいいのかを考えなければなりません。何かアイディアはありますか。

隈　この対談で養老先生とお話しした通り、すべて一律の整備をするのではなく、それぞれの場所の条件に合わせて「だましだまし」やっていくというのが僕の基本的な考えです。

養老　「だましだまし」というのは、これからの日本人の生き方に一番肝要なことだと思いますね。

隈　ただ、それだけでは建築家としてちょっと無責任な感じがしますので（笑）、震災後の対策として地下の可能性を、僕からは言っておきたいと思います。

養老　それは、あまり誰も言わないですね。

隈　そうでしょう。誰も言わなくて、それこそ盲点でした。しかし、よく考えてみると、今回の津波でも、地下の空間は被害に遭ってないんですよ。止水さえちゃんとやっておけば、地下の構造体は津波でも大丈夫なんです。例えば地下鉄には防潮板など、いろいろな止水技術が使われています。それらが機能することは今回証明されました。それなのに、みんな津波の高さにどこまでも対応しようとするから、論理破綻《はたん》してしまうわけです。防潮堤にしても、「5メートルの想定では甘い」ということで、「だったら10メートルにしよう」となり、「いやそれでもダメだから、15メートルだ」……と、どんどん高くなって、実現性がどんどん薄くなっていく。だったら建物の下にピロティを付けて、地面から10メートルの位置に持ち上げようという策が出てきます。でも、その10メートルのピロティの空間は、結局、使いものにならないんです。

養老　建物の下に10メートルの空間があったら、街にならないでしょう。

隈　昔、丹下健三さんの弟子たちが「坂出《さかいで》人工土地」という計画を手掛けたことがありました。香川県坂出市内にピロティで持ち上げた人工地盤を作って、その上に建物を建てて理想都市を作る。ピロティの下には公共交通が張り巡らされるという計画だったんです。20世紀の初めにル・コルビュジエが、パリで描いた「輝く都市」を、丹下さん一派も一時的に信奉していたんですね。今、坂出人工土地に行くと、ピロティの下にみんなが勝手に倉庫とか建てちゃっていて、悲惨なことになっています。人間は誰でも本当の地面の上に住みたくて、人工地盤の上には住みたくないんですよ。人工地盤で喜ぶのは建築家とゼネコンだけです。

養老　なるほど。

隈　だから上に行こうとする策は破綻するんですよね。そこで地下ですよ。これはまだ誰にも言っていないのですが、構造設計家と一緒にアイディアを練っています。

養老　面白いですね。

隈　水の流れは、表層ではすごい力になりますが、水中や水底というのは、津波のときでもそれほどではないんです。今回の津波でも、海底で貝が全部もぎ取られたということはなかったですし。逃げるところがない平地に避難塔みたいなものをボンボン作るんじゃなくて、地下にシェルターのような設備を作っておくのはどうでしょうか。津波や災害のときだけの一時避難用と割り切って、普段は別にそこに人が住まなくてもいいんです。地面の上の町は、ある程度壊れてもしょうがない、ただし命だけは地下シェルターで救いましょう。これが僕の考えた「だましだまし」の知恵の一つです。

「強度」と「絶対」が道を誤らせる

養老 それを聞いて思い出したんですが、海岸にも虫は棲《す》んでいるんですね。津波のときにその虫たちはどうなったかというと、ちゃんと元気なんですよ。考えてみると、潜っているんですね。

隈 水の中にですか。

養老 水中とか、地面の中とかね。例えば砂丘に住んでいるハンミョウなんかは、数十センチの深い穴を掘って潜りますから。多分、何か危険なことがあったときに、そういう空間を作るんだよ。ただ、でかい空間にすると砂でつぶれちゃうから、自分の身が守れる細い穴でしのぐ。今、隈さんが言ったのも、そういうことでしょう。最初の避難場所としてシェルターを作っておいて、それでやり過ごしたら避難所などへ移動するというやり方ですよね。

隈 みんな、目が上の方にばっかり行っているけど、これからは下の方がいいんじゃないかと。この対談を読んで頼んできてくれる人がいたら、ぜひやろうと思っています（笑）。もちろん、それは一律の解決案ではありません。「この場所だったら地下ですよ」という検証は必要になります。

養老　震災の前に、防波堤、防潮堤にものすごくお金をかけたでしょう。あれぐらい金をかけるんだったら、もうちょっと気の利《き》いたことが他にもできそうですけどね。

隈　実際は、植林での防波堤みたいな話もありえたわけです。松のように根っこが浅いのはダメだけど、根っこが深い広葉樹系の樹木で防波堤を作れば、波の減衰効果もコンクリートに比べて高くなるんです。その点コンクリートは波をはね返してしまうので、別のところにそのしわよせがきて、逆に波を強めちゃうことがあるんですよね。

養老　そうですね。強くなった波によって被害が大きくなったところもありました。

隈　土木屋さんはコンクリートで作りたがるんですよ。それはコンクリートが一番、強度の計算をしやすいからなんです。

養老　「だましだまし」じゃなくて、絶対を求めたがるんですね。それで言うと、僕が今、原発がらみで怖いと思っているのは、原発反対の機運が高まって、専門家や技術者がどんどん減っていくことなんです。その結果、東海村ＪＣＯの臨界事故のように、管理がゆるかったゆえの悲劇がまた起こるのが一番怖い。だって原子力発電って、全部やめることになっても30年くらいは撤退のメンテナンスが必要ですから。それだって「だましだまし」やっていく必要がある。例えば今、浜岡原発が止まっているけれど、あそこに津波が来たら一巻の終わりでしょう。だから脱原発に舵《かじ》を切っても、ただちに100％撤退ってありえないんだよね。

隈　養老先生の感触として、代替エネルギーの可能性はあると思われますか。

養老　代替エネルギーを使ったって同じことだろうって、僕は何度も言っているんです。冷静に考えると、結局、石油以上にいいのはないんですよ。だからこそ、人は何でこんなにエネルギーを使うのか、その問題を考えるべきです。その答えも僕流にはあるんですけれど。

限界集落的な生き方も認めよう

隈　どういうものでしょうか。

養老　それは人間の意識ですよ。冷暖房を例に取ると、普通、人は寒いから暖かくして、暑いから冷やすんだと考えるわけ。これは機能論と言われますが、でも、本当はそうじゃないんです。人が冷暖房を使う理由をよくよく詰めて考えると、気温一定という秩序を意識が要求しているからなんですよ。要するに、人は暑くても寒くてもエネルギーを使っている。それは気温を一定にしたいから。そういう秩序を求めている。

隈　なるほど。僕の事務所でも一年中、冷房か暖房のスイッチを入れているから「もったいない」って怒っているんですけど。

養老　その秩序を20世紀にどうやって手に入れたかというと、石油という分子をバラバラにして、無秩序を増やしたからです。秩序には、エントロピーという無秩序が付いてきて、それでもってつじつまを合わせています。都会で暮らしている人間は、頭で秩序を作り、秩序を要求しますが、それには必ず無秩序が伴うことを自覚した方がいい。そのためには、自分たちが要求しているのは秩序だということに、まず気が付いてもらわないといけない。で、次に、秩序ってそんなに望ましいものなのか、ということを考えてもらわなきゃいけない。

隈　震災復興では、津波対策、原発対策などの他に、コミュニティの復旧というもう一つの課題もありますが、そこにだって秩序の強迫観念があります。

養老　NHKの番組で岡山の高齢者だけの限界集落を取り上げていたのね。75歳以上の人だけが住んでいる集落が、岡山には720ほどあるそうなんです。

隈　そんなにあるんですか。

養老　そう。それで俺が思うには、限界集落が720もあるということは、そこがいかに住みやすい良い場所か、ということですね。

隈　そうお考えになるんですね。僕も賛成です。

養老　マスコミや周囲は、年寄りばっかりでかわいそうと言うんだけど、そんなのは勝手な解釈に過ぎないですよ。だって70代のおばあさんが3人で段々畑を作ってさ、それでイモを収穫して子供に送ってやるとか言っているんだよ。限界集落とか言って問題視する前に、どうしてそういう生き方こそ奨励しないのかね、と思って。

隈　それはまさに日本のお年寄りのパワーです。彼らはずっと、「だましだまし」生きてきているわけですからね。だから、コミュニティ再生に関しても、秩序に支配されない方法を大事にした方がいいですよね。

養老　みんな貧乏で、同じように平らに暮らしているって、すごく楽だよ。戦後は日本全体がそうだったからね。だから限界集落的な生き方もアリじゃないか、と見直すべきだよ。被災地の避難所でも、避難所の暮らしに馴染《なじ》んで、そこから動きたくない人が出ていると聞くけど、それも限界集落的で、そこにいれば似たような仲間がいて、今までよりずっとにぎやかでいいという感じもあるんじゃないかな。

隈　限界集落というより、避難所を居心地のいい街として住みこなしている。これこそ、「だましだまし」の都市計画（笑）。日本人はやっぱり、こういうユルさが好きなんですよね。日本人に限らず、たいていの人間は基本的に受け身です。だって能動的に動ける人って、よっぽどヘンな人ですよ、実は。

養老 受け身というのは、何かを受けて、どうリアクションしているか、ということだからね。

隈 それで、人は何かを受けたときにこそ、いろいろな形の問題解決をひねり出していくわけですから。実際、日本ではすでに超高齢化社会に向かっていて、あともう少しすると、日本全体が限界集落です。

養老 だから、別に放っておけばいいんだよ。そこを何でことさらに問題視するのかね。だって今でも高齢者はたくさんいて、それぞれに生きているんだもの。

隈 高齢化社会をネガティブにとらえる意識については、若い人間を社会の中心と考える20世紀アメリカ型の社会システムが、日本にも組み入れられてしまったからです。端的な例が住宅ローンで、若い人間に住宅ローンを組ませて、ずっと働かせ続けて、使い捨てにするような社会システムは、まさしく20世紀アメリカの発明でした。

養老 だから問題にすべきは高齢化ではなくて、お年寄りでも集まれる場所があるかどうかってことじゃないかな。でもまあ、過疎《かそ》化していくのは仕方がないと僕なんかは思うけどね。これは被災地に限りませんよ。日本人全体が、岡山の段々畑のおばあさんたちのように、自然環境の中で上手に暮らすという知恵を残していくべきだということです。

隈　だいたい人間の頭の中で考えた集会スペースとかコミュニティスペースっていうのは、すべて失敗しますからね。頭で考えても、コミュニティってなかなか作れないものなんですよ。昔の公団住宅でも設計者がいい子ぶって集会所をわざわざ作ったりしましたけれど、結局、お葬式のときぐらいしか使われなかった。いつもは閑散としています。

養老　隈さんの著書『新・ムラ論ＴＯＫＹＯ』で、下北沢や高円寺を取り上げていますね。あれ、どう考えてもプロが設計した場所じゃないですよね。都市においても、コミュニティとは、そうやって自然発生的に生まれるんだと思いますよ。

隈　コミュニティ形成って、いわゆるデベロッパーみたいな、既存の大きな主体と組んでやってもダメなんです。この対談でもさんざん言いましたが、彼らは従来の利益率確保の構造でしか動けないから、プロジェクトを大きくしたがるので、期待しても無駄。逆に今、不動産や建築の周辺には、足元のコミュニティから利益を作ろうという面白い動きが生まれています。例えば都市近辺でシェアハウスという共同生活型アパートばっかり作っている不動産屋とか、新築ではなくリノベーションやリニューアルに力を入れているデベロッパーとか、要するに「だましだまし」をコンセプトにして、小《ち》っちゃなお金を儲《もう》けようという人たち。従来の戦後体制の建設業やデベロッパーとは違うところにいるそういう人たちと、大きなものに興味がないデザイナーが組んで、きちんと取り組めば、被災地でもなかなかいい感じの「だましだまし」ができると、僕は思っています。

スラムの方が断然面白い

養老 インドのムンバイが舞台になっている面白い小説『シャンタラム』（新潮文庫）を読みました。ムンバイで大企業が高層ビルを作ろうとすると、労働者が必要になるんだけど、インドではその労働者に企業が住居を提供しなきゃいけないんですよ。そこで仮設住宅を作るわけですが、インド人って家族ぐるみで現場に来るんですね。

隈 一人だけで来る出稼ぎっていないんですね。

養老 女子供もやってくる工事はインドの特徴ですよね。だってブータンで道路工事をしている現場は、成年男子だけですよ。それがインドでは家族総出で、しかもそばに必ず掘っ立て小屋を建てる。そうすると、掘っ立て小屋の外側に、連中に物を売るお店ができて、急にスラムができちゃうの。でかい高層ビルを5年かけて作るとすると、その隣りはスラムに変わっているんですね。

隈 ル・コルビュジエが、インドのチャンディーガル州の州都となる新都市を作りましたが、その脇《わき》にスラムができて、そっちの方が面白い。ブラジルの首都として計画的に作られたブラジリアだって、脇にできたスラムの方がカッコいい。

養老 普通は都市が中心で、スラムは付録みたいに言われるんだけど、実はそうじゃないんだよね。あれ、お寺とか神社なんかと同じで、中心は空っぽだけど周りに人がわっといるということですよ。

隈 スラムが都市計画や、復興計画の核になるというのは、もっと議論されてもいい発想です。日本の仮設住宅だって、みんな平気で壁に穴を開けたりしていますものね。住んでいる人たちが、どんどん勝手にやればいい。

養老 スラム性の面白さはそうなんだけど、今は同時に都市防災を求められるでしょう。両者をうまくつなぐまちづくりって、できないものなんですかね。

隈 できます。そのための建築的なボキャブラリーや技術は、すでにいろいろと用意されているんですよ。安価で高性能な住宅用の制震ダンパーの技術だって日本にはあるし、不燃の木材も開発されています。ただ、最初は少しお金がかかります。きっと、関東大震災後に復興のためのコンクリート住宅として建てられた、同潤会アパートみたいな感じの、少しだけぜいたくなものになるでしょうね。

養老　アジアではなく、アメリカやヨーロッパでも、スラム性のある場所ってあるんですか。

隈　アメリカには、そういう場所に対するあこがれがあるんですよ。アメリカでは今、ポートランドという街がすごく注目されています。そこはアメリカの中で一番ヨーロッパ的なスケールの街だと言われていて、実際に調べてみると、街区のサイズが他の大都市の半分なんです。例えばニューヨークの街区は60メートルから80メートルの寸法でできています。ブラジリアは計算しやすいように100メートル。でもポートランドの街区は、ニューヨークの半分で30～40メートルくらいなんです。街区のサイズを小さくしただけで、街の空気が全然違ってきます。ちょっと柔らかさが出てきて、歩きたくなります。

養老　日本なんかはもっと小さいからさ。古い東京の地図を見たら分かるよ。日本橋蛎殻町《かきがらちょう》とか、麻布笄町《あざぶこうがいちょう》とか、細かい住所がいっぱいあるじゃない。あれが日本ではヒューマンスケールを考えるときの最低基本単位ですよね。被災地も、そういう日本人に合ったスケールを念頭にしてほしいですよ。

災害復興にユートピア幻想は効かない

隈　養老先生は現代の日本人にも「参勤交代」を復活させるべき、という説をお持ちです。そのアイディアも震災復興につながるんじゃないかなと思います。

養老　だって金持ちや偉い人とかは、昔から別荘を持っていますよね。過疎や高齢化を問題視するなら、何でその習慣を一般化しないんだろう、と僕なんかは思うわけですよ。別荘が特権でも何でもなくなって、日本人全員が持つようになればいいと思いますね。でも、それを言うと「ぜいたくだ」とか批難されるんだよ。

隈　例えば、ボランティアタウンを東北に作って、税制を変えれば、被災地復興を兼ねた新しいライフスタイルが作り出せます。被災地でボランティアをやりながら、空いている時間は自然で遊ぶなんてことができれば、都市労働で疲弊している人たちだって、自分自身を復興できる。その場合、一番の障壁は、果たして平均的な日本人がそういうライフスタイルをまかなえるかというお金の問題です。でも、国や地方自治体がその気になれば、お金がかからないやり方ができるはずですよ。

養老　でも、そういう話って出てこないんだよね。

隈　仙台にでかいサイズのブランド市街地を作って、そこを拠点にして全国にネットワークを結ぶというようなプランは出てきています。でも、僕はそういうところには、あんまり行きたくないな、と個人的に思います。

養老　そういうのって、全国一律の新幹線の駅みたいな感じになっちゃうでしょう。

隈　必要なのは「新幹線の駅」型開発ではなく、むしろ都市と過疎とをどうやって結んでいくか、ということですよ。大したお金をかけなくても、そういう活動はできるんですけどね。

養老　そうなんですよ。過疎の場所で一番必要なのは何かって、人ですから。過疎地に住んでいるじいさん、ばあさんに必要なのは、そこにやってきてくれる都会の人。

隈　過疎地と都市を結ぶ、という命題に、今でもみんな十年一日のごとく、ピカピカとした新都市を作るというユートピア的な発想で応《こた》えようとするから、「それはお金がないからできません」というさびしい展開になる。災害復興にユートピア幻想を適用するのは一番いけません。

養老　先ほど話題に出たポートランドの都市計画のように、ヒューマンスケールのまちづくりが誰にとっても快適なはずなのに、実際に作ろうとすると、どうして巨大な開発の方向に行ってしまうんでしょうか。

隈　それはやっぱり、お金の回り方が関わってくるからですね。東京のゼネコンが関わる巨大な開発をでっちあげれば、効率的なお金の回し方ができるんです。

養老　それはまさしく原発建設と同じ構図ですね。

隈　以前、原発のある地域から、文化施設を作りたいので来てくれと声がかかったことがあったんですが、とても異様な感じでした。まず、とんでもない金額の予算がありきで、文化施設が町に本当に必要なのかどうかといった話はすべて後回し。これは下手に関わらない方がいい、と感じました。原発に関しては、そういう形でしか推進できなかったんでしょう。計画された当初からおかしなシステムが回り始めていたんだな、と思います。

養老　大きなものを回せば雇用なども確保できるということで、個人、組織、社会すべてがシステムの中に組み入れられてしまったんだよね。

隈　そのシステムについては歴史的なバックグラウンドがあって、19世紀末から20世紀にかけては、人口増にどう対処するかということが、世界のどの都市でも最大の課題だったわけです。社会主義もそれに対する一つの回答として登場して、ソビエト流の公共住宅ができました。戦後、ソビエト流を一番うまく真似《まね》してきたのが、日本の住宅公団なんです。

養老　言葉としてはほとんど忘れ去られているけど、「全総」、全国総合開発計画だよ。あれで多摩ニュータウンとか、千里ニュータウンを作って。何次まであったっけ。

隈　五次までありましたね。全総はビジョンとしては高度成長的ですが、未来に対しての意思がまだあったことを僕は評価します。今は、未来に対する意思が官僚の世界から失われて、システムだけがただ回っているだけ。どうしてかというと、「未来」なんて言ったら、「おまえ、ばかじゃないの」と、社会から批判的な目で見られ、たたきつぶされる時代になってしまったからです。それだけものごとが短期で場当たり的に進められるようになってしまった。脱・高度成長が場当たりになっちゃったという最悪の事態です。養老先生がおっしゃったヨーロッパの貴族院の話じゃありませんが、未来を考えるところがないと国の絵というのは描けない。だって、そもそも長期的な未来を考えるというのが国の運営なんですから。

養老　日本は、短期の手続き主義に陥っちゃったんですよね。手続き主義って非常に安定していて、システムの中ではいいんですよ。手続き主義だけでやっていくと、道は見えていて歩けるんだけど、最終的にどこに行くかが分からなくなる。この道は安全確実に歩いていけますよ、ということは分かるんだけど、じゃあオレたちは、いったいどこに行くんだよ、という。

隈　一番危ない方に向かっている（笑）。

養老　日本人はまさしく、そんな道を歩いている気がします。

教育とは向かない人にあきらめてもらうこと

隈　今は若い人たちも一見、とてもスマートに見えます。でも、建築に向いている人があんまりいなくなったなあ、と、大学で教えていてしみじみ感じています。

養老　学生も変わってきていますか。

隈　建築科の学生でも、自分で絵を描くみたいな恥ずかしいことはしなくなっています（笑）。

養老　自己表現みたいなものを、泥にまみれてやるなんて恥ずかしい、ということですか。

隈　だって絵を描くと、先生からは必ず何か言われるじゃないですか。でも、今の学生は、先生から「これは君、ちょっと違うよ」とか絶対に言われたくない。否定されるのが大嫌い（笑）。だから、最初からすべての批評を回避したような、つまらない絵を描いてくるんです。

養老　隈先生は学生にちゃんと言うんですか。

隈　建築教育で一番大事なのは、向かない人に早くあきらめてもらうことだ、という意見の人もいますからね（笑）。

養老　医学の世界も同じですよ。

隈　なるほど（笑）。

養老　それをさ、国の診療制度だと今は出来高払いになっているから、あきらめた方がいい医者でも仕事を続けるし、あきらめた方がいい対象でも医療行為が続いてしまう。だから大変なことになっちゃったわけですよ。患者さんは、死ぬまで我慢の一生。

隈　「だましだまし」という方法論が排除されているんですよね。

養老　それを聞いて気が付いたんだけど、考えてみれば建築家って、世間から外れている職業ですよね。僕が言っている意味は、要するにサラリーマンじゃないってことだけど、今の日本でサラリーマンじゃない人って少ないんだよ。

隈　建築家にしても、「○○設計」とか「○○建設」とかいった会社組織にサラリーマンとして所属している人と、僕のように自分でやっている人とは全然違います。

養老　そうでしょう。

隈　クリエイティビティのあり、なしという話じゃなくて、責任の取り方がまったく違う。設計したものに問題があって、責任追及されてしまう事態は、設計した人間にとって本当に怖い。例えば自分が設計した建物で雨が漏ったりしたら、サラリーマンは続けていけません。だから異常に神経質になる。逆に、僕のような個人の名前でやっている建築家は、ちょっとばかり失敗しても、職を失ったり、出世の道が絶たれたりすることを心配しなくていい（笑）。そもそも職を失っているわけですから（笑）。ちょっと普通とは違うデザインをやったら、雨が漏る確率が増えるし、使い勝手が悪いと言われる確率も増えますが、責任は自分で取れます。あらかじめリスクを取らない人と、負う人とのメンタリティの違いは、すごく大きいです。

養老　日本の建築界はどっちのメンタリティですか。聞くまでもないことだけど（笑）。

隈　サラリーマン的建築家が圧倒的大多数を占めているという意味では、世界でも珍しい異常な国です。ヨーロッパだと、大きな設計会社なんてそもそもなくて、基本は個人の名前で勝負するアトリエなんですよ。そのアトリエが、工業建築から文化施設まで何でもコンペで競って、仕事を手に入れます。でも日本社会だけは、設計者の9割以上がサラリーマンですからね。そういう人が都市を作っていると、退屈なゴミしかできません。その問題は、国の将来にとって、すごく大きいですよね。

養老　だから、鎌倉なんかも最近はどんどん住みにくくなっていてね。生活者としての自分が快適に思える街ではなく、サラリーマンとしての自分の地位が保たれる街が、日本全国どこにでもできてしまっている。

隈　地震で地面の液状化が起きても、会社の責任の外だから、誰が責任を取るか分からない、ということになっていくんです。アメリカがその点でまだマシなのは、アメリカの設計事務所は必ず個人名を付けなきゃいけないと決められていること。「アメリカ設計」なんていう名前の事務所はなくて、必ず「ポール＆ジョン」のように、連名にしても個人名が掲げられていて、その人がちゃんと責任を取るんだよ、ということが明らかになっています。

養老　法律でそういうふうになっているんですか。

隈　はい、建築士法でそうなっているんです。日本だと逆に、個人の名前が付いている事務所はむしろ怪しげだという雰囲気になる。「アメリカ設計」の方が、大手だし安心だよねという意識が拡張していって、9割以上がそうなりました。

養老　隈さんの会社は「隈研吾建築都市設計事務所」だけど、そこには自分の名前を冠することで責任を負いましょう、という意識がありましたか。

隈　何しろ無名のときに付けた名前だから、責任を負おうなんて、そんな大げさには考えませんでしたが、自分がデザインするんだから、自分の名前を付けるということが、ごく自然だと思いましたよね。

養老 建築家に限らず、本を書くことだってそうだよ。この間、ある賞の選考会の席で「この人は大学の先生だからな」と言った人がいたんだよね。それはつまり、この人は給料をもらっているからな、ということ。給料をもらってモノを書いているやつと、本を書いて、それで食っているやつとは、やっぱり違うんだよ。

隈 全然違います。

養老 だいたい今、本を書いたってほとんど食えないもん。よほどの人じゃないと。

隈 養老先生以外はダメだと思います（笑）。

養老 それで、「だましだまし」というのは、サラリーマンがもっともできないことだよね。だって、だましだましをやるには現場が必要だから。

隈 サラリーマンは別名、現場のない人です。現場のない人のメンタリティで、震災復興プロジェクトもやられてしまう、というのは、危険なことです。

参勤交代のス丶メ

養老 その意味でも、現代の参勤交代は重要なんですよ。普通、サラリーマンのいる場所は都市じゃないですか。都市にいるということは、秩序と整理の中にいることだから、そこから外れる時間を作ることが必要ですよ。だから、サラリーマンがみんなサバティカル（長期休暇）を持てばいいんです。後で何が起こるか保証はしませんが（笑）。とりあえずその期間は、個人で活動する時間にあてる。ＮＰＯでもいいし、ボランティアでもいいし、田舎に行って小説を書いたっていいわけですよ。

隈　そう、災害の復興に必要なのは、大きな土木事業ではなくて、サラリーマンのサバティカルです。東日本大震災では、多くの日本人が心を痛めているけれど、実際に何をしていいか分からない。だったら、高いところから評論家的に復興を論じるのではなく、まず、休みを長く取って、都市を離れて現地に住めばいい。

養老　本当は制度として定着させることが一番望ましいんだけど、とにかく何かの形でサバティカルのような時間を日常化しないといけないですね。家庭がある人はそう簡単にはいかないかもしれませんが、年に数カ月は別な暮らしをするべき。だって、そうしないと人は変わりませんよ。人を変えて、考え方を変えてもらわないと、社会だって変わりません。そういうことを意識しないから、津波のような自然災害でぶっ壊れて、やっとこさ変わらざるを得ないという悲劇的な状況になる。日本の大企業社会もその力が低下してきて、雇用環境が変わってきたんだから、シフトの芽は出てくる、という話もあるけれど、それを待っても手遅れ。大企業もクソもなくて、とにかくやるべきなんじゃないのかな。だって「参勤交代」は、そもそも企業トップなら別荘を持ってみんなやっているでしょう。政治家に至っては、選挙区と東京とを行ったり来たりしているじゃないですか。それも「参勤交代」ですよ。

隈　そうですよね。とりわけ政治家の選挙区と国会というのは、生物の必然的欲求に基づいているんじゃないかと、僕も思います。昔の人でいえば、吉田茂《よしだしげる》が大磯《おおいそ》に別荘を持って、そこで大事な会談をしていたし、中曽根（康弘）だって東京の日の出町に日の出山荘があります。場所を移すということは、人間同士のコミュニケーションにおいても、とても大事なんじゃないかと。

養老　この対談でもひんぱんに語った「システム」という概念についてですが、僕はずっと日本社会はそのシステムが悪いのかな、と思っていたんですよ。でもよく考えてみたら、システムを作っているのは人間ですからね。

隈　確かにそうです。

養老　システムというものは、外側に機械みたいにドンとあるわけじゃないんだから。だったら、それを作った人間を変えるしかないんです。そのためには、やっぱり年に何分の一かは、まったく違うことをさせるしかないと。都市労働のように同じことをしていると頭が固くなっちゃって、考え方が硬直しちゃう。

隈　その意味で言うと、人間の適応力は怖くもあります。自分で建築をやりながらもそう思うんです。だって自分の設計した建物で、「失敗した」と思っても、そのうちだんだんよく見えてきますから（笑）。人は悪い環境にも長くいると、容易に適応しちゃう怖い生き物なんです。

養老　一つの視点に慣れちゃって、別の解決法が見えなくなるんですね。だから、「参勤交代」なんですよ。制度化しろ、と僕のような人間が声を大にして言わなくても、複数の生活拠点を持つことは、世界中、文化によっては当たり前ですよ。ドイツ、フランス、イギリス、それとロシアとか。ロシアの「ダーチャ」と呼ばれる別荘は庶民のものですしね。

隈　日本でも、江戸の殿様は、上屋敷、中屋敷、下屋敷と3つぐらい屋敷を持って、江戸の中でも3カ所ぐらいをグルグルと回っていました。

養老　土地に張り付けられていたのは庶民でした。でも、その庶民はお伊勢参りに行っているでしょう。出羽三山参りとかお伊勢参りは、当時としてはものすごい数の人が参加していたんだよ。だからみんな、転地願望ってあるんだよね。

隈　世界の中でも、日本人は異常に一つの場所に張り付いている人たちですよ。こんなに休みを取らないで、同じところにいる人たちって、いないです。いまだに、私はたくさん休みます、という人って、会社の中では変人扱いですからね。

養老　転地願望のフットワークから言うと、女性の方がフレキシブルだよね。サラリーマンでいうと、男がとりわけダメ、という感じがする。

隈　女性は出産のように、仕事より大事なものを抱えることもありますから。自分でもどうしようもない状況で、一つの場所から外れざるを得ないということがある。そのおかげで、女性はまともになれる。男は仕事を離れられずに腐っていくだけですね。それは大きな違いですよね。

養老　そういう隈さんは、海外と国内を1日おきに移動するくらい、ものすごく忙しくお仕事をされていますが……。

隈　僕のは仕事じゃないんです。というか、旅行することが仕事です。もっと正確に言うと、旅行することで、日本の常識を壊すことが仕事です。

養老　ああ、僕もそれに近いです。僕は虫取りを通じて、日本の常識がいかにおかしいかを発見している感じです。

隈　それぞれに「参勤交代」をもう始めているわけですね。ただ僕のはもう、ほとんど「脱走」に近い（笑）。

養老　そろそろ結論に持っていきましょうか。世界的な経済不況に加え、東日本大震災も経験したわれわれは、一体どう住めばいいのか、というお題をもらったわけですが、隈さんはどういうお考えがありますか。

日本人はどう住まうべきか？

隈　どこでだって、どうでも住めると思っています（笑）。

養老　そうでしょう！

隈　日本に住む必要すらないと、僕は考えています。

養老　それで言うと、僕なんかの条件はただ一つ、「1年中、虫が取れるところに住みたい」ですね。それさえ満たされていれば、どこでもいい。コスタリカ、ラオス、それからマレー半島のキャメロン・ハイランドなんて理想だね。

隈　日本はTPP（環太平洋戦略的経済連携協定）参加をめぐって議論が盛り上がっていますが、国土のマネージメントは一番重要です。日本の土地を他国に開放する必要はまったくありません。で、領土のマネージメントが厳密に行われた上で、日本に馴染めない人はどんどん外へ出ていくようになればいい。日本という土地を上手にマネージメントしながら、外にもどんどん出ていけばいい。

養老　日本人って、案外うまく適応していくと思うんだけどな。

隈　日本人に対するニーズは世界中にあります。ものづくりの技もそうですが、几帳《きちよう》面《めん》さ、時間を守ること、ウソを吐《つ》かないことといった日本人の特徴は、戦後60年どころか、２０００年以上かけて僕らが培《つちか》ってきたものです。日本にいると当たり前ですが、世界に出るとそれがすごいアドバンテージだということが分かります。アジアでもヨーロッパでも、そういうことを元手に一旗上げることは、誰でも可能ですよ。

養老　どんなところに住んでもいい、というのはその通りなんだけど、その前に、日本人は住むところに本当に困っているのかなあ。

隈　ひとりひとりの事情は違いますし、震災で本当に困っている方がいるので、一概には言えないことですが、日本という大枠の前提として、養老先生のおっしゃる通りです。

養老　だから僕はまず、困ることが先だと思うんです。人生の中で一度や二度は、住むことに困ればいいんです。で、自分で何とかすればいい。だって日本人は敗戦だって、そうやって生き延びてきたんだからさ。

隈　今の日本では都市と地方の格差ということもよく言われますが、せっかく日本にこれだけ過疎地が増えて、住むところが余ってきたのだから、そこを活《い》かさない手はないですよね。

養老　吐噶喇《とから》列島って行ったこと、ありますか。

隈　２００９年の皆既日食で話題になった島々ですね。

養老　テレビで見たんだけど、驚いたね。不便な離島ということだけど、住人の家には、大きな冷凍庫があってさ、食べ物がふんだんに入っているの。冷凍庫って電気を食うでしょう。でも、日本は離島でもそういうことができるんだよ。どこでも平等にインフラを整えたから。

隈　だから今こそチャンスですよね。震災後、原発事故の放射能汚染から逃れるために、20代、30代のファミリーが沖縄にずいぶん移住したと聞きましたし、僕の友達も熊本に移住しました。これからは自分が住《す》み処《か》に選んだ場所が一種の自己表現になっていく時代だと思います。

養老　隈さんは海辺に住むことはどうですか。

隈　海辺だってアリだし、津波だってアリです。運命を受け入れる、というポリシーで僕は生きていますので、死に場所にはこだわらない。コルビュジエは南仏《なんふつ》の海際《うみぎわ》の八畳ぐらいの小屋に住んで、最後は海で溺死《できし》でしたが、あれを見習いたい。

養老　運命にあらがわないという点では僕も同じですが、僕は海の波音というのがどうにも嫌いでね。水も嫌い。僕が一番落ち着くのは谷です。谷の中腹にポツンとあるような家がいい。

隈　さみしくないですか。

養老　それでいいんです。わびた小屋でしんみり暮らすって悪くないですよ。

隈　僕は場所を選ぶというより、人生の中で自分と縁のできた人たちと住みたいと思いますね。生きていれば縁のできる人たちって、必ず出てきます。それは日本人に限らず、中国人でも、タイ人でも。その意味で、これだけ「脱走」できる場所が増えた今の状況を、日本人はラッキーととらえた方がいいですね。

養老　だから根本は、なぜ「脱走」が必要かということで、日本人が固定された一つの住居観にとらわれている限り、面白い住み方はできないし、震災復興もおぼつかないということ。じゃあ、面白い住み方はどうやったら見つけられるんですか、と聞かれたら、僕は「参勤交代です」と一言で答えますよ。

あとがき

隈　研吾

養老先生と僕は、イエズス会という名のカトリック系の修道会が経営する、栄光学園中学・高校の先輩、後輩の仲である。大先輩をつかまえて、自分の同類とすることについては、僭越《せんえつ》至極で大変申し訳ないと思うのだが、僕らの思想の形成において、このイエズス会が果たした役割はきわめて大きかった。

イエズス会の設立は1534年。当時、ヨーロッパはルター、カルヴァンらによる宗教改革の嵐《あらし》が吹き荒れていた。イエズス会は、スペインのイグナチオ・デ・ロヨラや、日本でも馴染《なじ》みの深いフランシスコ・ザビエルらによって、アンチ宗教革命をテーゼに掲げて設立された、反宗教改革（カウンター・リフォメーション）の雄であった。

イエズス会の理念は、一言で言えば現場主義に尽きる。逆に言えば、彼らが批判し敵対したルターたちの宗教革命は、一種の頭でっかちであった。聖書を徹底的に読み込んで自省することで、天国に迎え入れられるというのが、宗教革命のテーゼであった。お金で免罪符が手に入るまでに腐敗していた既成のカトリック教会への批判として、ルターたちは徹底した内省主義を主張し、個人が個人の内省によって神の国に至るという、近代的個人主義を宗教に導入したのである。

それに対し、イエズス会は現場主義で闘おうとした。個人主義、内省主義は、人を頭でっかちな観念主義者におとしめると、ロヨラたちは考えた。ロヨラはそもそも軍人で、しかも若いころはプレーボーイでならしていた。軍人もプレーボーイも、観念主義、個人主義から最も遠い人たちである。観念主義、個人主義では絶対に戦争には勝てないし、女をものにすることはできない。現場主義者だけが戦を勝ち抜き、女をものにすることができるのである。そして現場主義とは、本論の言い方に従えば、「だましだましの思想」ということになる。

現場主義者はまず肉体を重要視する。強靱《きようじん》な肉体を持っていなければ、現場という過酷な場所を生き抜くことは絶対にできないからである。そしてわれらが栄光学園も、徹底した肉体主義であった。毎日、2限と3限の授業の間には、上半身裸で、真冬でも校庭を走らされた。「おまえたちは運動が不足しているから、余計な妄想にとらわれる」と、スペイン人の修道士から、怒鳴られ続けた。

養老先生の思想の根幹もまた、肉体主義である。肉体をおろそかにしていると、脳ばかりが肥大して、ろくなことを考えなくなるというのが、養老哲学の中心思想である。都市という甘やかされた環境にいると、肉体がふやけてしまって、脳ばかりが活性化した不自然な状態に陥って、まともなことを考えられなくなる、と養老先生は主張する。だから都市を捨てて、参勤交代にはげめ（？）というのである。

現場主義のイエズス会は、ヨーロッパにこだわらずに「外に出ろ」と、修道士たちのケツをたたいた。ヨーロッパという閉じた小さな世界の中で、宗教革命対反宗教革命という観念的論争を続けているのは時間の無駄だ、と彼らは考えた。そんなことにエネルギーを費やすくらいなら、ヨーロッパの外のアジアに出て、具体的な布教活動に汗を流した方が余程ましだと、イエズス会は考えたのである。だからフランシスコ・ザビエルはわざわざ遠い日本までやって来た。日本という「外部」に身を投じた。言葉も通じない、わけの分からない日本人に対しても、ザビエルは何も恐れることはなく、臆《おく》することなく自分をさらけだし、体当たりで真剣な対話を試みた。だから彼に接した日本人はみながザビエルのファンとなった。ザビエルの現場主義が、日本人にもしっかりと通じたのである。

僕の知っているイエズス会の修道士たちもみんな、ザビエルと同じように現場主義である。彼らは1カ月前に突然、日本に行けと命じられるらしい。1カ月の準備期間しかない。選択の余地はない。それでも彼らはそれを受け入れる。日本を嬉々《きき》として受け入れる。場合によっては、そのまま日本で一生を終えることになる。個人の一生なんて、その程度のものだという深い諦念《ていねん》がある。

そういうポジティブな現場主義の人たちに囲まれて、僕らは青春を過ごした。だから彼らと同じように「外部」に飛び出したくなったのかもしれない。日本にいて、他人からどう言われるかを気にしながら、建築の設計をし続けたいとは思わない。建築とは、いかに環境との共生をめざそうが、いかに「負ける建築」をめざそうが、所詮《しょせん》、その場所に異物を投げ込むことに変わりはない。それが建築を設計するという行為の宿命である。異物についてはいくらでも批判ができる。日本人はそもそも異物が好きではない。としたならば、思い切って「外」に飛び出して、「外」の人たちと対話をしてみたい。闘ってみたい。そう考えたら、突然目の前が開けた気分になった。だから、今まで知らなかった場所から声がかかるほど、その気になる。やる気が出る。ブータンでも、ミャンマーでも仕事が始まって、身を投げるつもりで現場に立ち向かっている。イエズス会士が立ち向かった外部に比べたら、どこでも楽である。

大きな災害に出会ったとき、人間の対応は極端に二分される。一つはユートピア主義であり、一つは現場主義である。もうこんなひどい目にあうのはこりごりだ。どんな災害が来ても耐えうるような理想的都市、建築を作ろう、というのが、ユートピア主義者の基本的な構えである。

もう一つの反応は現場主義である。「だましだまし」である。災害の圧倒的なパワーを目《ま》の当たりにして、これはとても人間の微弱な力で太刀打ちできる相手ではないと観念する立場である。しかし観念したからといって、何もせずに死を待つというわけではない。ここが大事なポイントである。しっかりと観念しながら、しかも自分たちのできることは何かを必死に探るのが、現場主義なのである。

過去の大災害の歴史をたどると、ユートピア主義と現場主義とがからみあいながら、大災害をきっかけとして歴史が動き、転換してきた様子が見てとれる。何もない平和なとき、人は何かをしたり、何かを考えたりはしないものらしい。大災害が起きたときに、人は新しいことをしたり、考えたりするのである。その意味で、人類史とは災害史である。

古い例を持ち出すと、1755年のリスボン大地震をきっかけに、歴史は大きく動いた。死者5～6万人という大惨事は、ヨーロッパを恐怖に陥《おとしい》れた。人口7億人時代の5～6万人は、人口70億人時代の東日本大震災の死者・行方不明者2万人と比較して、いかに大きな数字であったかを想像してもらいたい。一言でいえば、「神は人間を見捨てたのではないか」というのが、人々の恐怖の核心であった。神に見捨てられたとなれば、自分の生命は自分で守らなければならない。その恐怖から、近代という時代が始まったと、歴史を定義する人もいる。近代科学も産業革命も啓蒙《けいもう》主義も、自由・平等・博愛の革命思想も、すべてリスボン大地震以降に一斉に動き出すのである。

中でも建築デザイン、都市デザインでは大きな動きがあった。ヴィジオネール（幻視者）と呼ばれるフランスの一群の建築家が、新しい建築、都市の絵を描き始めるのである。彼らの建築の造形的特徴は、純粋幾何学の徹底的使用である。特に立方体や球などの純粋性の高い完結した形態が、彼らの好みであった。20世紀のモダニズムの原点の一つが、ヴィジオネールたちのデザインであるとも言われる。彼ら以前の建築デザインの基本は古典主義建築である。古代ギリシャ、ローマ以来の列柱と三角屋根を基本とする懐《なつ》かしい建築デザインに、微修正を加えながら新味を出すという作業を、ヨーロッパの建築家たちは延々と続けてきたのである。

ヴィジオネールたちはこのやり方に訣別《けつべつ》した。当時興《おこ》りつつあった近代科学が純粋幾何学を拠《よ》り所《どころ》としたように、ヴィジオネールたちも新しい幾何学に頼って、新しい形を生み出そうとしたのである。

もう一つの彼らの特徴は、ユートピア主義である。密集した古く汚い都市、リスボンが、大惨事の原因だったのではないかという気分が、人々を支配していた。古い都市を離れて、自然の中にユートピア都市を建設するということを、ヴィジオネールたちは提案したのである。もちろんユートピアの実現は容易ではなかったが、例外的に実現した都市計画が、今もフランス北東部に残っている。ニコラ・ルドゥーの設計したショーの王立製塩工場である。製塩工場を中心として、純粋幾何学に則《のっと》って、美しく整然と同心円状に附属施設、労働者住宅が配置された様子は、まさに「新しい都市＝ユートピア」そのものである。

よくよく考えてみれば、この建築とて本物のユートピアとは呼びがたい。何しろ王立製塩工場というくらいだから、建築発注者は旧体制そのもののフランス王家であり、王家のために働く勤勉な人々のための工場と宿舎は、「新都市」と誇れる代物《しろもの》ではなかった。個々の建築物を眺めてみても、柱の細部に少しだけ新しさはあるものの、大枠としては古典主義建築そのものであった。

そうは言っても、これは悪口ではない。むしろ最大の賛辞である。設計者のルドゥーは「だましだまし」の名人であったということを言いたいのである。王様に対しても、工事業者に対しても、昔かたぎの職人に対しても、「だましだまし」の技を駆使したからこそ、この画期的建築は実現した。彼の脳を抜け出して、この地上に姿を現すことができ、そして、後世に絶大な影響を与えたのである。

そのような見方に立てば、ユートピア主義対現場主義という二項対立も、また別の姿をして見えてくる。建築家や都市計画家を志す者は、多かれ少なかれユートピア主義者としてスタートするのである。既成の環境に対して、大きな不満を持っているからこそ、そのような職業にあこがれを抱く。そもそも妄想癖を持つ者でなければ、建築家などになりたいとは思わないかもしれない。

しかし、いざ、その妄想の実現となると、「だましだまし」を駆使しない限り、何一つとして夢は成就《じょうじゅ》しない。そのように、妄想は鍛えられて「計画」に到達する。あるいはヴィジオネールは、鍛えられて建築家となる。現場というものに打たれ続け、たたかれ続けながらも、計画する意欲を失わなかった者だけが、建築家となるのである。

話を災害に戻そう。現在のパリの美しい都市計画も、大災害が一つの引き金となっている。パリの都市計画の基本はブールバールと呼ばれる大通りと、その結節点に置かれたモニュメント（例えばオペラ座やコンコルド広場のオベリスク）、そして、大通りに沿って建つ建築物に課せられた、厳格な建築規制（高さ制限とデザイン規制）である。この都市計画はナポレオンの甥《おい》に当たるナポレオンⅢ世が皇帝時代の1852年から1870年の間に実施された。驚くべきことには、このナポレオンⅢ世によるパリ大改造以前、パリは細い街路が迷路状に走る中世的構造の都市であった。わずか18年の間に、ナポレオンⅢ世は、この大改造をやってのけ、複雑で災害にも弱い中世的都市を、軸線が通って、劇場的にしつらえられたバロック都市へと改造したのである。

そのきっかけが二つの大災害であった。一つは先述した1755年のリスボン大地震。もう一つはそれに遡《さかのぼ》ること100年の、1666年のロンドン大火である。大昔のロンドン大火が、どうして19世紀のパリ大改造に関係があるのか。実はナポレオンⅢ世は、ナポレオン失脚後の1846年から1848年の間、危険人物ということで投獄され、そこから脱走してロンドンに亡命していたのである。その当時のロンドンは、今からは想像できないが、パリよりもよほど近代的な風情《ふぜい》を持った都市だった。なぜならロンドン大火の後、建築家クリストファー・レンが中心になって、木造都市ロンドンをレンガの都市ロンドンに大改造したからである。彼は、都市の不燃化、細街路の拡張、街路結節点へのモニュメントの配置を積極的に推進した。こうしてできたロンドンで生活していたナポレオンⅢ世は、それと比較して、パリの汚さが嫌でたまらなかったらしい。パリに戻って権力を手に入れると、有能な行政マン、ジョルジュ・オスマンをセーヌ県知事に任命して、歴史上例を見ない未曾有《みぞう》の都市大改造を実現したのである。

なぜパリ大改造は成功したか。僕は二つの要因に注目している。一つはナポレオンⅢ世がロンドンを初め各地を転々として、パリで生活していた期間が極めて短かったこと。パリで長く生活していたら、迷路状の細街路だって、中世的都市構造だって、十分に愛着が湧《わ》いて、愛《いと》おしくなっていたはずで、なんとか「だましだまし」で問題解決を図ろうとしていただろう。

その後の20世紀、同じくパリに愛着がなかったスイスの山奥生まれの建築家、ル・コルビュジエも、パリの中心部を破壊して更地にし、そこに超高層ビルを建てて、300万人の都市を建設するというとんでもない計画（1922）を発表している。

このコルビュジエの計画案は、教科書にもしばしば登場する有名なものであるが、僕はあるときまで、この計画の敷地がパリの中心部だとは気付かなかった。教科書を書く著者も、20世紀を代表する建築家が、あまりにクレージーな絵を描いたとなると、建築家全体の信用にも傷がつくほどの大問題になることを恐れたのだろう。彼らは黙して、その計画のとんでもない前提を強調したり、批判したりすることはやらなかった。それで僕も見過ごしていたのだが、あるときにそれを知って愕然《がくぜん》とした。場所に愛着がないということは、本当に恐ろしいことなのである。

話を元に戻して、パリ大改造の秘訣第二。それは徹底した現場主義者のオスマンを脇《わき》に置いて、自分は夢だけを語ったことである。ユートピア主義者と現場主義者とがタッグを組むと、夢は俄然《がぜん》、実現へと近づくのである。その夢の是非はまた別の問題として。しかし、残念ながら、というか、われわれにとっては幸いというべきか、コルビュジエにはオスマンがいなかった。あるいはそれ以前に、コルビュジエはナポレオンの親戚《しんせき》ではなかった。おかげで美しいパリは守られたわけである。

20世紀の大惨事というと、なんといっても二つの世界大戦であろう。この世紀は地殻の動きが安定し、自然災害が少ない世紀であった。自然災害の少なさ、規模の小ささは、自然への畏怖《いふ》の感情を失わせ、人間を傲慢《ごうまん》にする。現場主義を衰退させる。それが20世紀の思想、時代の空気を作ったのではないかという気もする。

戦争の世紀は、現場主義の代わりにユートピア主義を増長させた。20世紀にユートピアなんてほとんど作られなかったんじゃないか、という質問が飛んできそうだが、実は20世紀ほどユートピアを大量生産した世紀はかつてなかった。20世紀に量産されたユートピアとは、郊外住宅である。緑の芝生の上に白い理想の箱を作れば、汚く危ない都市の現実から逃れて、夢の人生を手に入れられるという、究極のインスタント・ユートピアである。

郊外住宅を、大昔から存在する住居形式だと思っている人がいたら、大間違いである。それまでと言えば、親から引き継いだボロ屋に「だましだまし」住むか、人が作った都市の賃貸住宅という箱に、家賃を払って「だましだまし」住むか、のどちらかだったのである。政府も「持ち家政策」などと称して、住宅ローンなどあの手この手を使い、この郊外住宅建設の後押しをした。郊外住宅が人間のスタンダードな居住形式であるという誤解まではびこることになった。

しかしこの「個人ユートピア」は、限られた時代、限られた場所にのみ可能であったことを忘れてはならない。都市の周りにいくらでも荒野が拡《ひろ》がっていたアメリカ。石油が安く手に入ったアメリカ。その石油が地球環境にどんな悪さをするかに無神経であった20世紀アメリカという特殊な条件の下でのみ、このユートピア、この妄想は実現可能であったのである。

20世紀はさまざまなものが民主化、大衆化したが、郊外住宅によって、ユートピア主義までが大衆化した。それ以前、ユートピア主義は絶対的な権力者とか建築家とかいった、極めつきのクレージーな人間たちの独占物であった。20世紀に、そのパンドラの箱が開けられたのである。小さな土地の上に、小さなお金——しかし本人にとっては一生かけるくらいの大きなお金——を使って、次々とユートピアは建設されていった。リーマン・ショックが、低所得者向け住宅ローンであるサブプライム・ローンの破綻《はたん》に端を発したのは偶然ではない。素人《しろうと》のユートピア主義にお金をじゃかじゃか融資したら、破綻するに決まっている。

そして今、とてつもなく大きな自然災害をわれわれは体験した。「だましだまし」の手法以外に対抗できないほどの自然の力を前にして、あらゆる妄想が、あらゆるユートピア主義が色褪《いろあ》せつつある。リーマン・ショックでユートピア主義の大衆化が破綻した上でのダブルパンチである。それゆえ、さらばユートピア主義というのが、養老先生と僕という二人のイエズス会士の末裔《まつえい》による対談の主調音となった。

しかし、忘れてならないことが一つある。現場主義の大前提は夢が存在することである。大きな夢があるからこそ、現場という複雑でやっかいなものに立ち向かい、それと折り合いをつけていく勇気と活力とが与えられるのである。災害の後に、新しい人生を始めたい、新しい時代を切り開きたい、という夢があるからこそ、ロヨラやザビエルのように「だましだまし」で強く生きる気力が身体《からだ》の底から立ち上がるのである。

住まいを考えるということ

山極寿一

いつか自分の家を建て、車を持つことを目標に、戦後の日本人は働いた。たぶんそれはアメリカからもたらされた幻想であったが、関東大震災や空襲の経験から「燃えない家を持ちたい」と考えた日本人のトラウマとこの幻想が結びつき、郊外には同じ顔をした画一的な公団住宅がいくつも建設された。これは、戦後の近代工業社会において好都合だっただろう。同じような家に住み、同じように暮らす労働力を都市に集約することで、めざましい高度経済成長が実現した。しかし、この養老さんが指摘する「サラリーマン化」と進歩のはき違えの結果、今何が起こっているのか。「夢のマイホーム幻想」が朽ち果てた二十一世紀に、我々はどう住まうべきだろうか。

この本を読みながら私は、あることに気がついた。公団住宅のような画一的なマンション群は、私がルワンダなどアフリカで見てきた難民キャンプのようではないか――と。そこでは、平屋の「家」が本来持っていた個性が、完全に排除されてしまっている。

住まいを通して文明論を語り合う本書は、《現場主義》《だましだまし》《ともだおれ》という3つの重要なキーワードから、我々が今一度「家」を見つめ直すためのヒントを提示してくれる。

《現場主義》とは、隈研吾さんが言うところの、建築にとっていかにロケーションが大切かという考えだ。元来、森に暮らしてきた民である我々は砂漠やサバンナで暮らす人々と違い、でこぼこの土地で、足下の感覚をたよりに生きてきた。家のなかでも、裸足《はだし》あるいは足袋で床や畳を踏みしめ、土地と繋《つな》がっている身体感覚を得ていた。しかし均一化されたコンクリートの高層マンションに住むことで、地面から遠く離れ、日本人の土地感覚は失われてしまっている。

私は現在、京町家に住んでいる。と人に話すと、夏暑くて冬寒いんでしょう、と言われることが多いが、風とうまく付き合える町家は土地感覚を養いながらの生活に非常に適している。日本の気候の特徴といえば湿気の多さだが、木造建築では木が呼吸しているので、たとえば湿度が高いときには木が湿気を吸収してくれる。コンクリートとサッシの建造物では完全な密閉空間を作れるだろうが、風通しのよさや、こうした湿度の調整は、エアコンで対応するほかない。

《だましだまし》もまた、森に暮らしてきた日本人ならではの考え方だろう。多様な木々が共生し、鬱蒼《うっそう》とした日本の森は見通しが悪く、向こうから何がやってくるか見えない。つまり、予測不可能な事態を多く孕《はら》んでいる。だからこそ、だましだまし、その場その場で問題に対応する必要があった。敵はどこからくるかわからない。しかしすべての敵に勝つ必要はない、生き延びればそれでいいのである。裏返せば、綿密な計算を凝らすというより、ある程度呑気《のんき》に構え、最悪な事態だけは免れるよう備える暮らし方だ。家と土台が離れている町家では、地震が起きると家が動いていくので壊れない。釘《くぎ》を使っていないため大地が動くと木が締まって、かえって頑丈になっていく。そうした天変地異に強い構造だ。だましだましが通用せず法則性を重んじるコンクリートのビルでは、こうは行かない。

もう一点、重要なのが《ともだおれ》の思想である。分業社会が徹底された現在では、建築においても仕事が細分化され、バラバラに作られたパーツが集まって注文式住宅が立つ。かつてのように、住む人やその家の将来までを総合的に考える棟梁《とうりょう》がいて、近隣の住人の了解のもとに家が建ち、上棟式を執り行うといった文化は薄れてきた。それはあらゆる意味において、責任の所在を欠くことを意味する。これは建築だけにあらず、社会全体に言えることだ。家の構造や仕組みが変わるとき、社会も変容する。それほど社会にとって家は重要なファクターであり、ともだおれの思想とは言いかえれば信頼関係なのである。

「家」とは何か。それは〈屋根〉と〈壁〉があることだと私は考える。〈屋根〉は、雨露をしのぎ、〈壁〉は、他者からの視線を遮る。その中での営み、共有する秘密にこそ、家の個性が現れる。人間社会の分節の最小単位である家から個性をなくし、一律にしてしまったことに問題がある。

同じ霊長類でもサルとヒトとの違いについて考察するときには「家」の有無が大きなポイントとなる。類人猿はかつて、木の上にベッドを作って寝ていた。それは個々の眠りを確保するためのものであった。しかし進化を経て、ヒトは屋根と壁を備えた家を作り、家族としての私的空間を持つようになった。私的空間の確保によって何が起こったか――それは食と性におけるサルとヒトとの違いに見ることができる。サルにとって食べることは各々《おのおの》の営みであり、性行為は他者の目に晒《さら》されているのに対して、人間は近しい人と食事を共にするが、性行為は隠す。この違いを産み出したものこそ、家なのだ。

本書で養老さんと隈さんの指摘する問題は、きわめて鋭い示唆《しさ》に富んでいる。家のなかでの家族とのコミュニケーション、一歩外に出た時の共同体や世間における信頼関係、土地や自然との共生……ヒトとして、日本人として、身体感覚を伴う森の思想で住まいのありかたを見直すことは、これからの時代に必要なことではないだろうか。

（平成二十七年十一月、京都大学総長・霊長類学者）

構成　清野由美

この作品は二〇一二年二月日経ＢＰマーケティングより刊行された。

日本人《にほんじん》はどう住《す》まうべきか？

新潮文庫　よ－24－11

平成二十八年一月一日発行

著者　養《よう》老《ろう》孟《たけ》司《し》　隈《くま》研《けん》吾《ご》

発行者　佐藤隆信

発行所　株式会社新潮社

郵便番号　一六二―八七一一
東京都新宿区矢来町七一
電話　編集部(〇三)三二六六―五四四〇
　　　読者係(〇三)三二六六―五一一一
http://www.shinchosha.co.jp

価格はカバーに表示してあります。

乱丁・落丁本は、ご面倒ですが小社読者係宛ご送付ください。送料小社負担にてお取替えいたします。

印刷・株式会社三秀舎　製本・株式会社大進堂

ISBN978-4-10-130841-8 C0195